코바늘로 뜨는
시원한 여름 모자와 가방

BASIC PLAN+

X-KNOWLEDGE 지음

크룩

여름철 모자 하면 가장 먼저 떠오르는 밀짚모자.
같은 밀짚모자라도 모양과 디테일은 무척 다양하다.

이 책에서는 기본적인 디자인을 바탕으로
'누구에게나 어울리는' 기본 스타일과
아이디어를 곁들인 디자인을 제안한다.

그중에서 하나라도 마음에 드는 디자인이 있다면
올여름, 그 모자로 멋을 내 보면 어떨까.
마음에 드는 모자가 여러 개라면
매년 새로 장만한다는 느낌으로 만들어
패션 아이템으로 활용해 보자.

* 일러두기
이 책의 모든 각주는 옮긴이 주입니다.

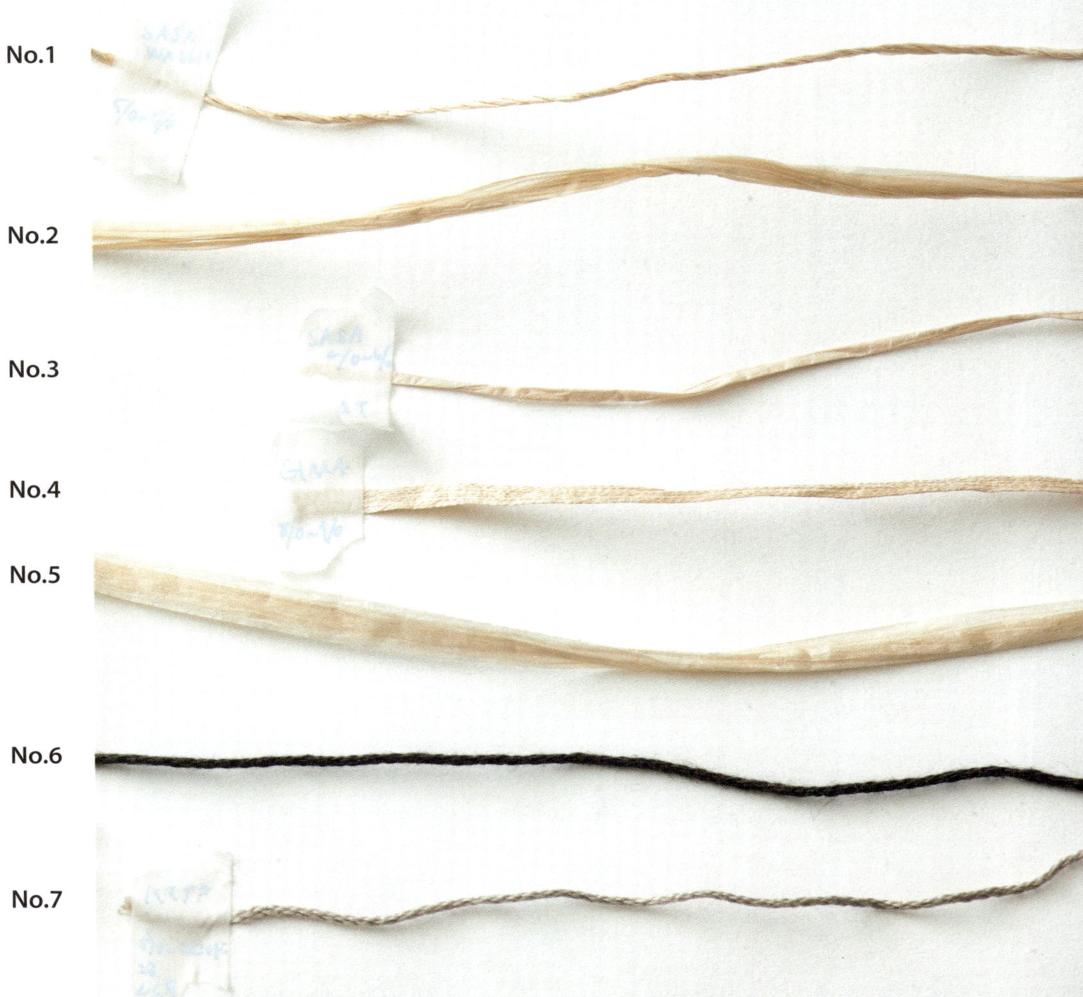

No.1 SASAWASHI / DARUMA

얼룩조릿대*를 원료로 한 일본 전통 종이(和紙)로 만든 실. 자연스러운 촉감과 광택을 지녔으며 천연 향균, 방취, 자외선 차단 효과가 있다. 발수 가공된 SASAWASHI 100%, 1타래 약 48m(25g), 총 15컬러

* **얼룩조릿대**: 산에서 자라는 대나무의 일종으로 원산지는 일본

No.2 에코안다리아 / 하마나카

목재 펄프를 원료로 한 재생 섬유로 만든 실. 바슬바슬한 촉감과 은은한 광택을 느낄 수 있다. 물세탁은 안 되지만 드라이클리닝은 가능하다. 레이온 100%, 1타래 40g(약 80m), 총 46컬러

No.3 SASAWASHI FLAT / DARUMA

No.1의 SASAWASHI와 같은 원료로 꼬지 않고 만든 실. SASAWASHI보다 부드러운 촉감이 특징이다. 발수 가공된 SASAWASHI 100%, 1타래 약 78m(25g), 총 5컬러

No.4 GIMA / DARUMA

마와 같은 감촉을 내는 의마(擬麻) 가공*을 한 면마사. 보풀이 적은 가공법으로 매트하고 청량감 있는 질감을 느낄 수 있다. 면 70%, 마 30%, 1타래 약 46m(30g), 총 12컬러

* **의마 가공**: 화학 처리로 면직물 등에 마와 같은 감촉을 주는 것

No.5 마닐라 헴프 얀 / 메르헨아트

마닐라 삼* 100% 천연 소재 실. 천연 소재의 부드러운 겉촉과 광택을 느낄 수 있으며 세탁이 가능하다. 마닐라 삼 100%, 1타래 약 50m(20g), 총 27컬러

* **마닐라 삼**: 파초과의 여러해살이 풀. Manila hemp로 불리기도 함

No.6 리넨 라미 코튼 병태사 / DARUMA

마의 청량감과 면의 부드러움을 모두 지닌 면마사. 봄부터 여름까지 사용할 수 있으며 편물을 촘촘하게 떠도 가벼운 느낌으로 완성된다. 면 50%, 마 50%, 1타래 약 102m(50g), 총 12컬러

No.7 워시 코튼 / 하마나카

면과 폴리에스터를 혼방한 실로 세탁이 가능하고 표면에 부드러운 광택이 난다. 더불어 합리적인 가격임에도 발색이 좋고 컬러 종류도 다양하다. 면 64%, 폴리에스터 36%, 1타래 약 102m(40g), 총 29컬러

이 책에서 주로 다룰 실을 사용해 짧은뜨기(왕복뜨기)로 뜬 스와치. 제조사에서 권장하는 바늘 크기 중 가장 작은 호수의 바늘로 떴다. 모두 모자 또는 가방에 알맞은 정도로 탄탄하게 만들어지지만 편물 감촉에는 다소 차이가 있다. 원하는 착용감이나 완성된 모습을 기준 삼아 참고해 보자.

같은 실이라도 편물 뜨는 방법이나 뜨는 힘 조절 정도에 따라 차이가 생기므로 직접 떠 보기를 추천한다.

소프트

Contents

북 디자인　　　　　　하타 이즈미
촬영　　　　　　　　　다무라 마사히로
스타일리스트　　　　구시오 히로에
헤어&메이크업　　　요시카와 요코
모델　　　　　　　　　오카모토 유이

만드는 방법 일러스트　미시마 게이코 모리타 요시코
DTP　　　　　　　　덴류샤
인쇄　　　　　　　　　시나노서적인쇄

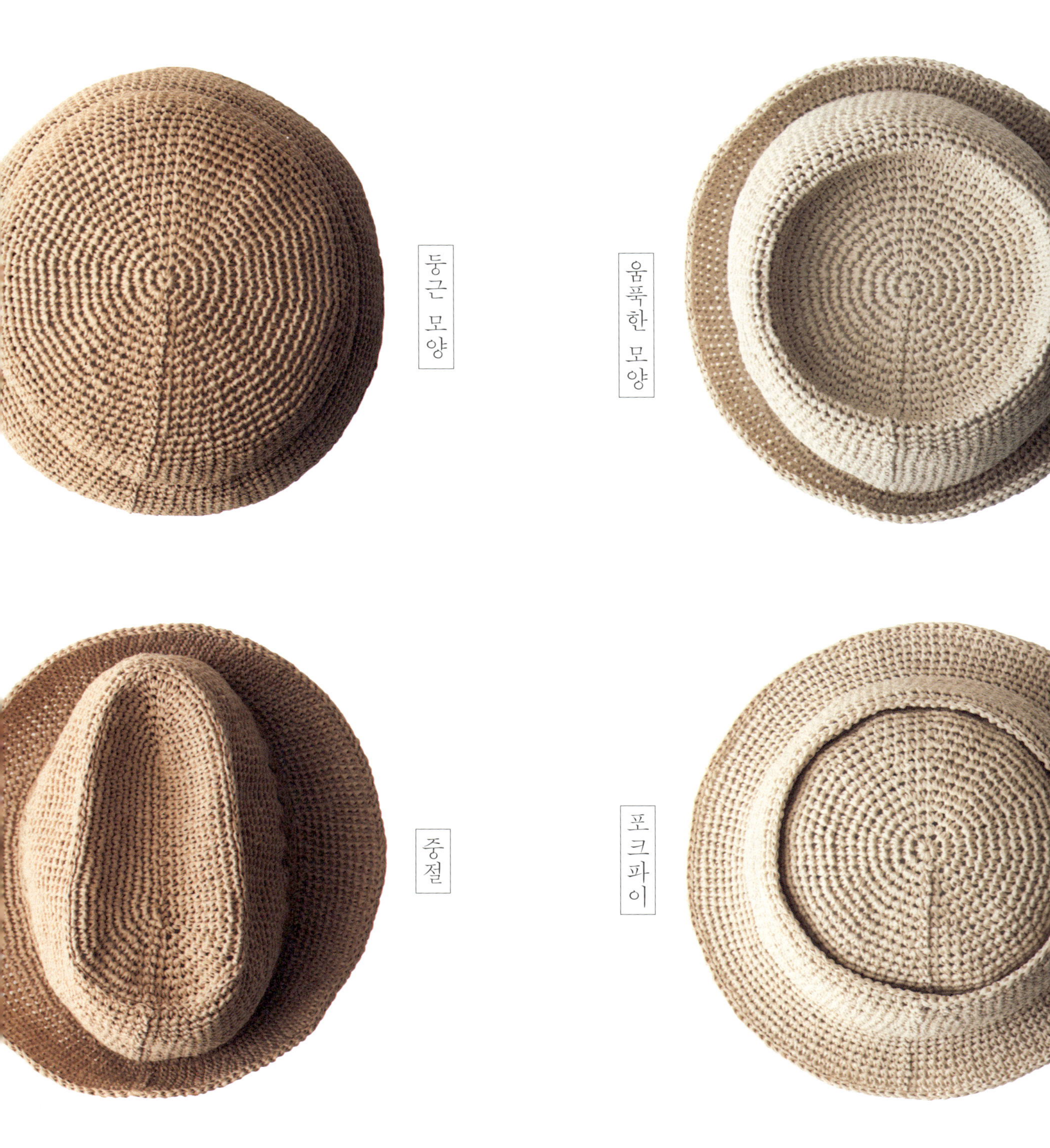

둥근 모양
움푹한 모양
중절
포크파이

PLAN 1

round top

모자 톱 모양은 다양하다.
톱 모양에 따라 앞은 물론이고 옆이나 뒤에서 봤을 때
느끼는 인상도 크게 달라진다.

A

둥근 모양의 톱과 볼 브림

둥근 모양의 톱은 가장 기본적인 스타일로 어느 각도에서
봐도 머리 모양이 예쁘게 연출된다. 여기에 볼 형태의 브
림을 조합하면 둥그스름하고 부드러운 실루엣이 만들어
지면서 우아함까지 더해진다.

실_마닐라 헴프 얀 / Sachiyo*Fukao / How to p.58

B

둥근 모양의 톱과 뒤트임 브림

둥근 모양의 톱에 뒤가 둘로 갈라진 브림을 조합한 모자.
뒤에서 보면 트임 부분이 장식처럼 돋보일 뿐만 아니라
머리를 묶은 상태에서도 깊게 눌러 쓸 수 있어 실용적인
디자인이다.

실_마닐라 헴프 얀 / Sachiyo*Fukao / How to p.60

C

중절과 스트레이트 브림

톱 중앙이 움푹 파여 입체적인 느낌을 내는 중절모는 신사 모자로 유명하지만 여성이 써도 잘 어울린다. 너무 깊게 눌러 쓰면 톱의 움푹한 모양이 망가질 수 있으니 수평이나 조금 뒤로 기울어지게 쓴다.

실_마닐라 헴프 얀 / Sachiyo*Fukao / How to p.62

장식용 리본 대신 모자 사이드에 무늬뜨기
를 넣어 멋을 더했다. 자유롭게 구부릴 수
있는 챙은 앞뒤를 접어 올려 전통적인 스타
일을 연출했다.

D

움푹한 모양의 톱과 컬 브림

움푹한 부분이 톱의 둥근 가장자리를 따라 음영을 만들어
내면서 절묘한 느낌을 더한다. 이 톱에 컬 브림을 조합했
다. 위로 말려 올라간 챙이 얼굴 주변을 돋보이게 한다.

실_마닐라 헴프 얀 / Sachiyo*Fukao / How to p.64

E

포크파이와 스트레이트 브림

포크파이는 영국 요리 '포크파이'와 모습이 닮았다고 해서 붙여진
이름이다. 원통형의 가장자리가 특징인 이 톱은 옆이나 뒤에서 봤
을 때 둥그런 라인이 우아하면서도 화려한 느낌을 준다. 스트레이
트 브림은 포크파이 해트처럼 구부려도, 곧게 펴서 써도 멋스럽다.

실_마닐라 헴프 얀 / Sachiyo*Fukao / How to p.66

A

톱 둥근 모양
×
브림 볼

B

톱 둥근 모양
×
브림 뒤트임

C

톱 중절
×
브림 스트레이트

자유로운 톱과 브림 조합

A~E 모자(p.12~22)는 4가지 톱(크라운)과 4가지 브림 조합을 자유롭게 구성할 수 있다. 톱은 D(움푹한 모양), 브림은 A(볼)를 선택하는 등 자신의 취향에 맞춰 만들어 보자.

D

톱 움푹한 모양
×
브림 컬

E

톱 포크파이
×
브림 스트레이트

기본 스타일

넓은 챙

둥근 챙

토플리스

PLAN 2

평평한 톱은 전통적인 모자 스타일이다.
브림이나 톱 모양을 변형하면
디자인 폭이 넓어져 옷에 매치하기 쉬워진다.

기본 스타일의 플랫 해트

'캉캉 모자'라고도 하는 플랫 톱의 기본 스타일 모자. 본래 명칭은 보터 해트, 서양 해군이 착용하던 모자에서 유래한다. 남성스러움이 느껴지는 각진 윤곽은 다른 모자에는 없는 특유한 멋을 자아낸다. 폭이 넓은 리본끈을 두르면 선명하고 강한 인상을 남길 수 있다.

실_SASAWASHI FLAT / marshell / How to p.68

G

둥근 챙의 플랫 해트

F와 동일한 평평한 톱에 볼 브림을 조합한 모자. 톱 모양
은 같지만 브림이 얼굴 주변을 감싸 줘 부드러운 인상을
준다. 폭이 좁은 리본끈을 두르면 섬세하고 성숙한 느낌
을 연출할 수 있다.

실_SASAWASHI FLAT / marshell / How to p.70

H

넓은 챙의 캐플린 해트

일명 '여배우 모자'라로도 불리는 캐플린 해트는 폭이 넓
고 우아한 브림이 특징이다. 작품 속 브림 폭은 11cm로
넓지만 톱 높이를 짧게 만들어 균형을 맞췄다.

실_SASAWASHI FLAT / marshell / How to p.72

토플리스 선바이저 해트

모자 윗부분이 뚫린 선바이저 스타일. 톱이 없어 머리가
답답해지지 않으며 머리 윗부분이 눌릴 걱정도 없다. 모
자 뒤쪽은 깊게 잘라낸 듯한 형태이므로 머리를 묶은 상
태에서도 편하게 쓸 수 있다.

실_SASAWASHI FLAT / marshell / How to p.74

뒤쪽에 묶은 리본은 조젯 원단을 사용해 가벼운
느낌을 연출했다. 조금 넓은 브림은 햇볕 세기에
따라 자유롭게 구부려 조절할 수 있다.

J

버킷 해트

H 플랫 톱을 응용한 모자. 아래쪽을 향한 브림은 크라운과 일체형
처럼 보여 깊이 눌러 써도 깔끔한 인상을 준다. 머리 부분이 둥글
고 밑단이 넓게 퍼진 튤립 해트와 달리 남성적인 느낌과 실루엣이
매력적이다.

실_GIMA / marshell / How to p.76

폭이 좁은 리본끈은
손으로 직접 리본을 묶는다.
리본끈 4 × 모자 E

내추럴한 소재는
우아한 느낌을 연출한다.
리본끈 6 × 모자 E

연한 컬러라도
광택이 있으면 돋보인다.
리본끈 7 × 모자 A

짙은 컬러는 시크한 인상을 준다.
리본끈 8 × 모자 A

리본끈 대신 뜨개실을 사용하는 방법도 있다.
뜨개실은 같은 실 두 줄로 리본을 묶는다.

다양한 리본끈 조합

모자에 포인트 주고 싶을 때는 리본끈을 활용해 보자. 리본의 폭과 컬러는 어떻게 매치하느냐에 따라 인상을 크게 좌우한다. 폭이 넓은 리본끈은 전통적인 느낌을 주면서도 스타일을 돋보이게 하는 효과가 있고, 폭이 좁은 리본끈은 고급스러우면서도 우아한 인상을 준다. 블랙 컬러는 어디에나 매치할 수 있는 만능 컬러이며, 그 외의 컬러는 옷차림에 따라 알맞게 매치해 보자.

1 화학 섬유 리본끈 27mm

2 그로그랭 리본끈 25mm

3 그로그랭 리본끈 38mm

4 드레이프 매트
새틴 리본끈 13mm

5 그로그랭 리본끈 25mm

6 리넨 태피터 리본끈 25mm

7 양면 새틴 리본끈 25mm

8 글로시
그로그랭 리본끈 25mm

※ 장식용 리본 만드는 방법은 p.54 참고.

PLAN 3

여름 모자는 통기성과 시원함을 갖춰야 한다.
오픈 타입이라면 모자 모양과 무늬뜨기를 활용해 머리에 땀이 차지 않게 하고
세퍼레이트 타입은 착용감이 편한 소재를 사용해 만든다.

K

비침무늬의 넓은 챙 모자

햇볕에 목을 보호할 수 있도록 브림 뒤쪽을 길게 만들었다.
여기에 비침무늬를 넣어 통기성을 높였으며 짧은 외출은 물
론 장시간 야외에서 작업할 때도 적합한 디자인이다.

실_SASAWASHI/호시노 마미/How to p.78

L

선바이저

머리가 땀으로 축축해지는 느낌이 싫다면 과감하게 선바이저를 활용해 보자. 챙만 달려 있어 손질한 머리가 엉망이 될까 걱정할 필요도 없다. 집 근처나 강아지 산책 등 가볍게 외출할 때도 안성맞춤이다. 모자가 흘러내리지 않도록 뒤쪽에는 고무줄을 넣었다.

실_에코안다리아/호시노 마미/How to p.80

M

레이시 해트

햇볕이 강하지 않을 때는 비침무늬 모자를 써 보자. 통기성은 물
론이고 패션 아이템으로도 손색없는 디자인이다. 구불구불한 모
자 가장자리에는 와이어가 들어 있어 자유롭게 구부려 모양을
연출할 수 있다.

실_워시 코튼/호시노 마미/How to p.82

N

클로슈 해트

크라운은 면마 혼방사, 브림은 SASAWASHI로 짠 세퍼레이트
디자인 모자. 크라운은 높이가 높아 열이 쉽게 빠져나가며 면마
혼방사의 부드러운 감촉과 청량감이 편안한 착용감을 준다. 더
불어 쉽게 접을 수 있어 휴대하기도 편하다.

실_리넨 라미 코튼 병태사, SASAWASHI/yohnKa/How to p.84

비침무늬 카스케트

여름철 외출 시 밀짚모자가 아닌 다른 모자를 매치하고
싶다면 도시적인 느낌을 풍기는 카스케트를 추천한다.
크라운에는 비침무늬를 넣어 통기성을 높였으며, 높이
도 여유가 있어 헤어스타일이 쉽게 망가지지 않는다.

실_SASAWASHI/yohnKa/How to p.86

PLAN 4

여름 모자에 어울리는 가방도 함께 떠 보면 어떨까.
시간을 오래 들이지 않고도 공들여 만든 듯한 가방을 소개한다.

P/Q

덩굴무늬 바구니 가방과 미니 숄더백

마치 으름덩굴*을 엮어 놓은 듯한 아름다운 무늬는 보는 사람의
눈길을 사로잡는다. 구슬뜨기로 코를 감싸면 덩굴이 감긴 듯한 무
늬를 표현할 수 있다. 스마트폰을 넣어 다닐 수 있는 미니 숄더백
등 작은 아이템을 만들 때 활용해 보자. *으름덩굴 : 으름덩굴과의
덩굴나무로 다섯 장의 잎이 둥글게 모여 어긋나거나 뭉쳐난다.

실_SASAWASHI/Sachiyo * Fukao/How to p.88, 90

R

나선형 손잡이 바구니 가방

짧은뜨기와 긴뜨기만으로 만든 편물은 조화로운 리듬을
새겨 넣은 것처럼 보인다. 아름다운 나선무늬 손잡이는
원통형이라 편하게 쥘 수 있으며, 심을 넣지 않아도 두툼
한 두께로 완성된다.

실_마닐라 헴프 얀/marshell/How to p.55, 92

S/T

끈과 함께 뜨는 가방

리넨이나 면 소재 끈으로 감싸면서 뜨는 가방은 성기게 뜰 수 있어 하루 만에 완성 가능하므로 초보자에게도 알맞다. 끈 무게는 더해지지만 모양이 흐트러지지 않을 뿐 아니라 다른 소재를 섞어 뜨는 재미도 즐길 수 있다.

실_마닐라 헴프 얀/marshell/How to p.56, 94

HOW TO

· 게이지를 확인할 때는 편물을 시험 삼아 여유 있게 뜬 다음, 가로세로 10cm 안에 코와 단이 몇 개씩 들어가는지 세어 본다.
· 뜨개질 끝의 실은 15cm 정도 남기고 자른 뒤, 돗바늘을 사용해 실을 편물 안면에 꿰어 마무리한다.
  뜨개질 시작 부분의 실도 같은 방법으로 정리한다.
· 기본적인 뜨개질 방법과 뜨개질 기호는 p.96~100을 참고한다.

만들기 전에: 모자 기본 지식

모자 부위별 명칭

이 책에서는 크라운을 톱과 사이드로 나누어 설명한다.

모자 쓰는 방법

보통 수평이 되게 하거나 뒤쪽으로 기울어지게 쓴다. 톱이 평평한 캉캉 모자나 톱이 움푹 들어간 중절모, 오목한 모자는 살짝 눌러 쓴다. 같은 모자라도 챙을 구부리면 인상이 달라지므로 햇볕 세기나 옷 스타일에 맞춰 자유롭게 조절하자.

모자 사이즈

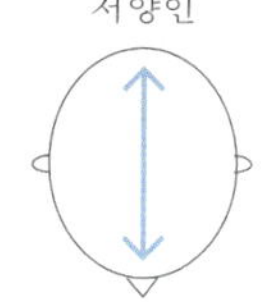

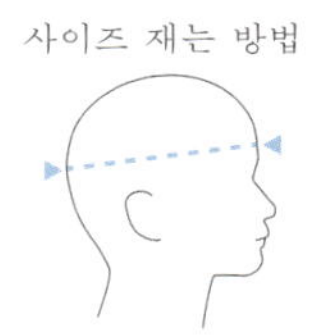

이 책에서는 서양인에 비해 전체적으로 머리 모양이 둥근 동양인 머리에 맞춰 모자 입구를 원형으로 만들었다. 머리둘레는 동양인 여성의 평균인 약 57~58cm로 제작했다. 머리둘레를 측정할 때는 앞쪽은 이마, 뒤통수는 가장 튀어나온 부분을 기준으로 줄자를 사용해 잰다.

◎ 사이즈 조절

모자는 톱에서 시작해 사이드를 향해 뜬다. 어느 정도 뜨개질이 진행되었다면 실제로 써 보고 사이즈가 잘 맞는지 확인하자. 모자 사이즈가 머리보다 크다면 실을 팽팽하게 당겨서 뜨거나 바늘을 1~2호 더 작은 것을 사용한다. 반대로 작다면 실을 느슨하게 당기며 뜨거나 바늘을 1~2호 더 큰 것을 사용하자. 사이즈가 너무 큰 경우는 시중에서 구할 수 있는 모자 사이즈 조절 테이프를 모자 입구에 붙이는 방법도 있다.

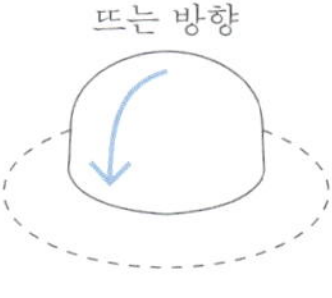

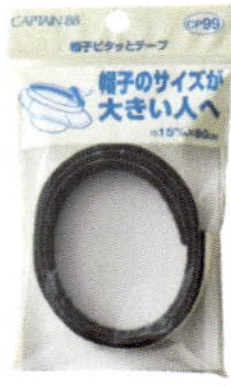

모자 사이즈 조절 테이프
(캡틴사 제품)

붙이는 타입이라 사용하기 쉬우며, 화이트 컬러와 블랙 컬러 두 가지가 있다.

모자용 와이어와 튜브

이 책의 A~J(기본 디자인 모자)에는 사용하지 않았지만 챙 모양을 고정하고 싶을 때 사용하면 편리하다. 오른쪽 작품과 같이 부드러운 실도 와이어를 넣어 뜨면 탄탄하게 모양을 유지할 수 있다.

테크노로트
(하마나카사 제품)

폴리에틸렌 소재의 와이어. 화이트 컬러(약 0.7mm)와 블랙 컬러(약 0.9mm)가 있다.

열수축 튜브
(하마나카사 제품)

테크노로트 끝을 감쌀 때 사용하는 튜브. 튜브를 감싼 다음 헤어드라이어 열로 수축시킨다.

F,G,H 장식용 리본 만드는 방법

<u>원단용 접착제 스틱</u>
(고니시사 제품)

원단 양쪽 면에 바르면 접착력
이 강해진다. 다리미로 열을
가할 필요가 없어 사용이 간편
하며 세탁도 가능하다.

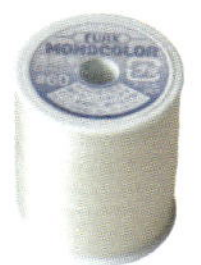

<u>투명실</u>
후직스 모노컬러 60번
(고니시사 제품)

투명해서 어떤 컬러와도 어울리
며 바늘땀이 잘 보이지 않는다.

1

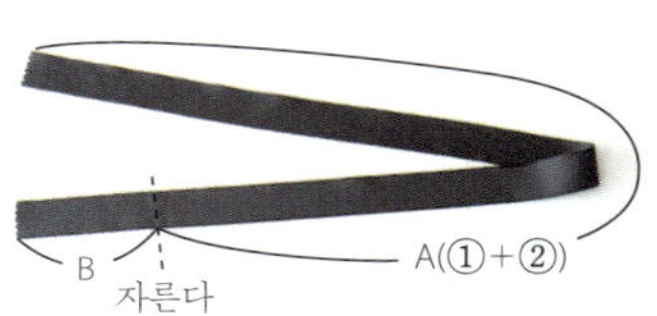

리본끈을 총 93cm(A+B) 준비한다. A=모
자에 두르는 용도 83.5cm(① 모자 사이드 바
깥 둘레+접착면 1cm, ② 리본 고리의 한쪽
가로 5.5cm×3배+접착면 1.5cm). B=리본
을 고정하는 용도 9.5cm(사용하는 리본의
폭 3.8cm×2배+접착면 약 2cm).

2

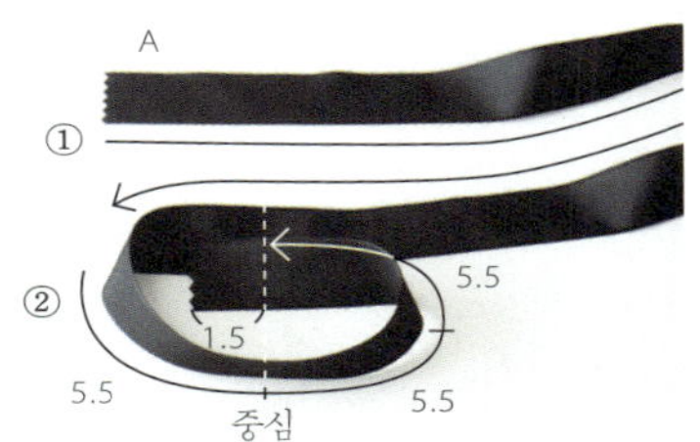

A와 B로 자른다. A의 한쪽 끝을 ②의 리본
고리 길이(5.5cm의 3배+접착면 1.5cm)만
큼 접는다.

3

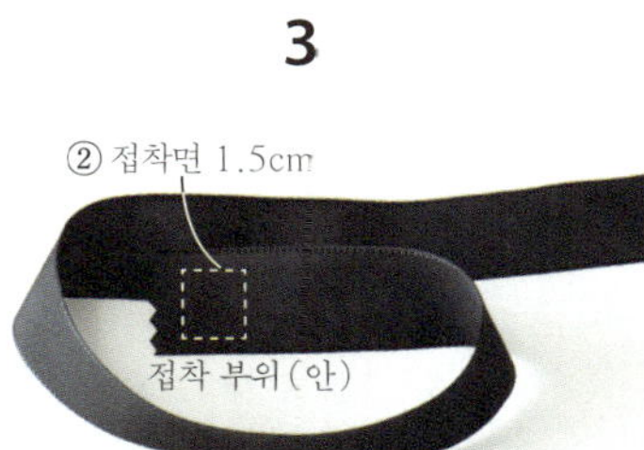

2에서 접은 리본끈 끝의 접착면(안)과 여기
에 맞대어 붙이는 쪽에 접착제를 발라 탄탄
하게 붙인다.

4

3의 반대쪽 끝(① 접착면 1cm)에도 사진과
같이 접착제를 바른다.

5

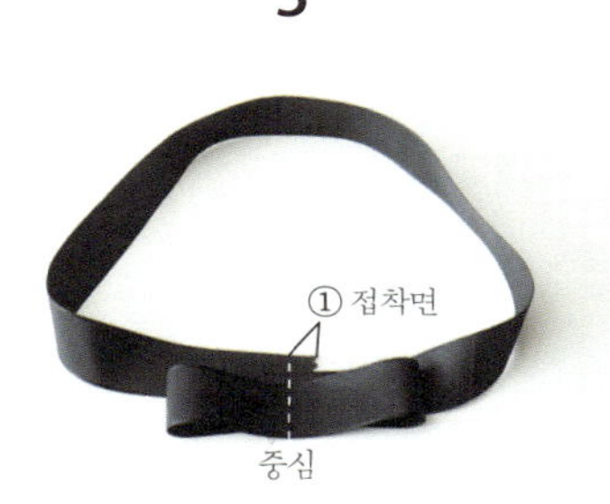

3을 2의 리본 고리 중심에서 1cm 안쪽으로
들어간 위치에 포개어 놓고, 맞대어 붙이는
쪽에도 접착제를 발라 단단히 붙인다.

6

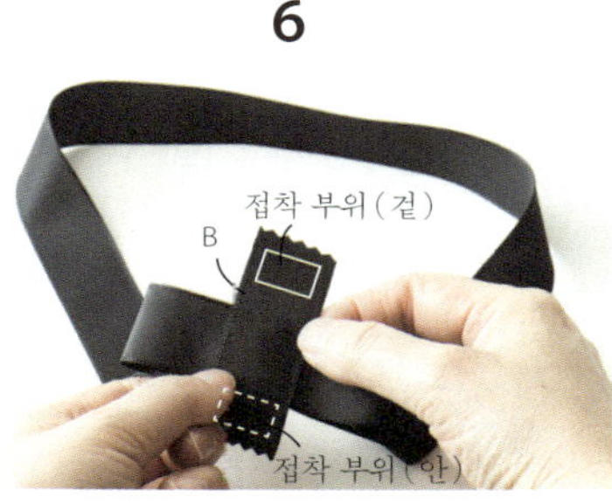

B의 양끝(접착면 1cm), 접착 부위(겉), 접착
부위(안)에 접착제를 바르고, 리본 고리(겉)
중심에 맞춰 포갠다. 접착 부위(안)를 먼저
붙이고 그 위에 접착 부위(겉)를 포개어 붙
인다.

7

B의 리본끈을 손가락으로 꾹 누르면서 감으
면 입체적인 고리가 만들어진다. 붙인 뒤에
는 접착 부분이 떨어지지 않도록 무거운 물
건을 위에 올리고 24시간 둔다.

8

장식용 리본끈을 모자에 두르고 투명실로
몇 군데를 바느질해 고정한다(바늘을 한 땀
씩 뜬다). 이렇게 하면 겉에서 바늘땀이 잘
보이지 않는다. 바느질 시작과 끝의 실은 편
물에 꿰어 정리한다.

1

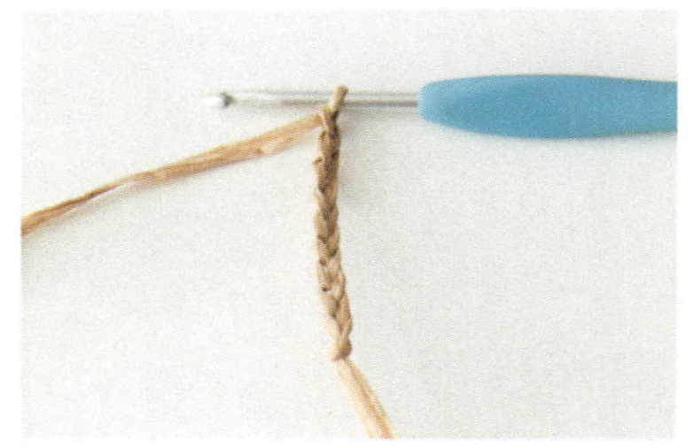

사슬뜨기로 기초코를 9코 뜬다.

2

1단을 뜬다. 기둥코 사슬을 뜨지 않고, 첫 번째 사슬의 위쪽 반코를 주워 짧은뜨기를 1코 뜬다.

3

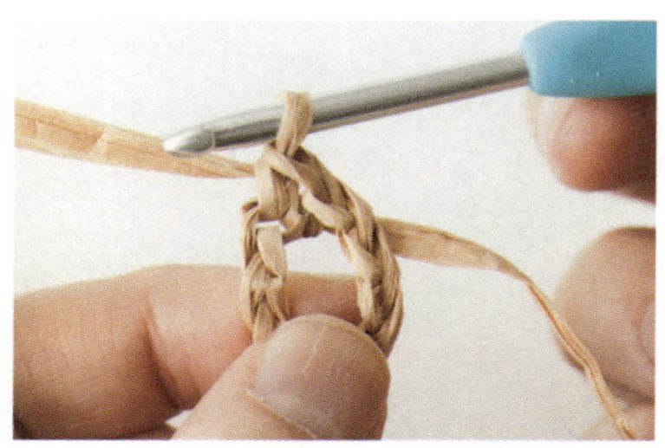

고리 모양이 만들어졌다. 이후에도 같은 방법으로 안쪽의 겉면을 보면서 사슬 위쪽 반코를 주워 짧은뜨기를 뜬다.

4

사슬을 줍고 짧은뜨기를 9코 뜬 모습. 1단을 완성했다.

5

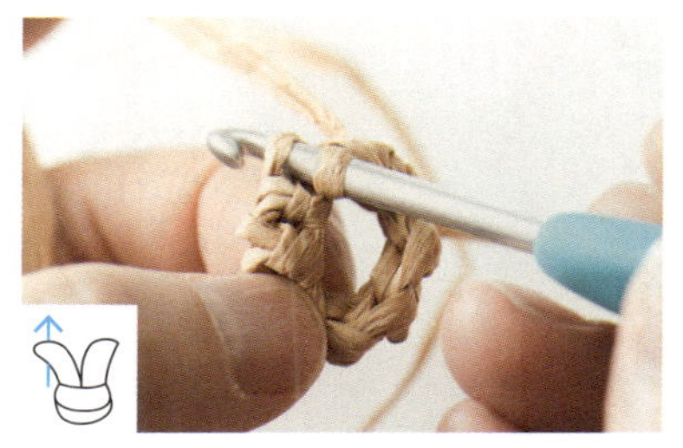

2단을 뜬다. 기둥코 사슬을 뜨지 않고, 앞단 첫 번째 짧은뜨기의 뒤코 왼쪽 다리(사진 참고)를 위에서 주워 짧은뜨기를 1코 뜬다.

6

마찬가지로 다음 코도 화살표와 같이 앞단 뒤코의 왼쪽 다리를 주워 짧은뜨기를 1코 뜬다. 총 9코를 뜨면 2단이 완성된다.

7

3단을 뜬다. 2단과 마찬가지로 기둥코 사슬을 뜨지 않고, 앞단 뒤코의 왼쪽 다리를 주워 짧은뜨기를 9코 뜬다.

8

이후의 단도 이 과정을 반복한다. 단의 첫 번째 코에 단코 표시링을 달면 코나 단을 셀 때 편리하다.

1

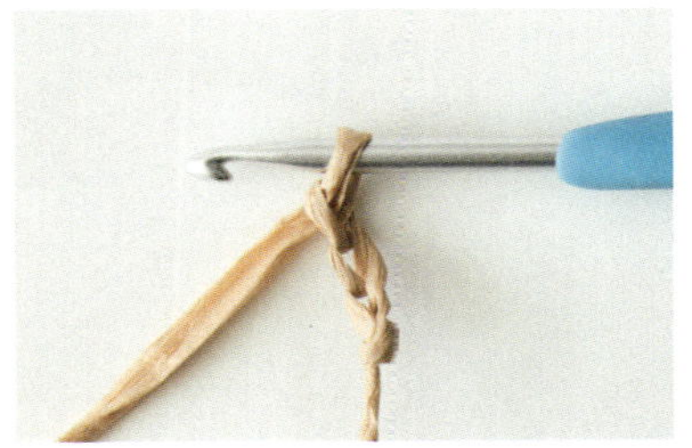

시작코 사슬을 3코 뜬다.

2

손잡이용 로프를 2개 준비하고, 로프 끝에서
2~3cm 떨어진 곳에 바늘을 포개어 놓는다.

3

로프 아래에서 바늘을 넣고 실을 건다.

4

실을 로프 아래쪽으로 끌어온다.

5

실을 그대로 위쪽까지 끌어 당긴다.

6

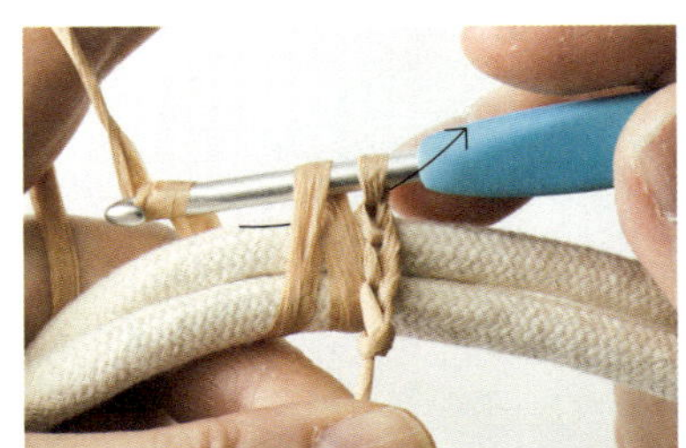

바늘에 실을 걸고 짧은뜨기를 1코 뜬다.

7

짧은뜨기를 1코 뜬 모습. 이렇게 하면 로프
2개를 실로 감싸며 뜰 수 있다.

8

사슬을 1코 뜨고, 로프를 감싸며 짧은뜨기를
다시 1코 뜬다.

9

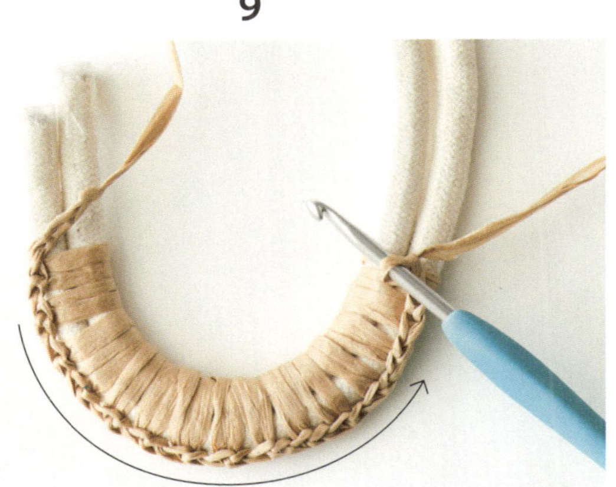

짧은뜨기 1코와 사슬 1코를 번갈아 뜨며 1단을 완성한다.

10

2단을 뜬다. 기둥코 사슬을 뜨지 않고 시작한다. 첫 번째 코는 1단의 두 번째 사슬을 그대로(사슬 다발) 줍는다.

11

로프 아래에서 바늘을 넣고, 실을 위쪽까지 끌어올려 짧은뜨기를 1코 뜬다.

12

계속해서 같은 코에 사슬 1코, 짧은뜨기 1코를 떠 넣는다(사슬 1코를 사이에 두고 짧은뜨기 2코를 떠 넣는다). 이렇게 하면 원형이 된다.

13

같은 방법으로 앞단 사슬을 주워 뜨고, 도중에 로프 끝을 당겨 고리를 조인다.

끈과 함께 가방을 뜨면 뜨개실에 로프가 더해져 탄탄한 가방이 완성되며 성기게 뜰 수 있다. 가방 안쪽 바닥에 보이는 뜨개질 시작 로프 끝이 긴 경우, 줄을 적당한 길이로 자른 뒤 테이프 등으로 끝을 감싸 올 풀림을 방지한다.

A 둥근 모양의 톱과 볼 브림

실	메르헨아트 마닐라 헴프 얀 (1타래 약 20g) 스트로컬러 (507)…93g [톱과 사이드 58g / 브림 35g]
바늘	코바늘 6/0호·돗바늘
게이지	짧은뜨기 19코×20단＝가로10cm×세로10cm
사이즈	머리둘레 58cm 높이 9.5cm

뜨는방법

1 〈톱〉매직링으로 기초코를 만들고 짧은뜨기를 8코 떠 넣는다. 코
를 늘려 가며 14단까지 짧은뜨기를 뜬다.

2 〈사이드〉톱에 이어서 뜬다. 2단과 4단은 코를 늘려 가며 뜨고,
5～19단은 콧수 증감 없이 짧은뜨기를 뜬다.

3 〈브림〉사이드에 이어서 뜬다. 1단은 5코마다 코를 늘려 가며 앞
단 짧은뜨기 머리의 앞쪽 반코를 주워 짧은뜨기를 뜬다. 4단과 7
단은 코를 늘려 가며 뜨고, 8～12단은 콧수 증감 없이 짧은뜨기
를 뜬다.

4 마지막 단에 이어서 빼뜨기를 한 바퀴 뜨고, 마지막은 앞단 첫 코
에 사슬 연결하기로 마무리한다.

모자 A ~ E는 톱(사이드 포함)과
브림 조합을 변경할 수 있음

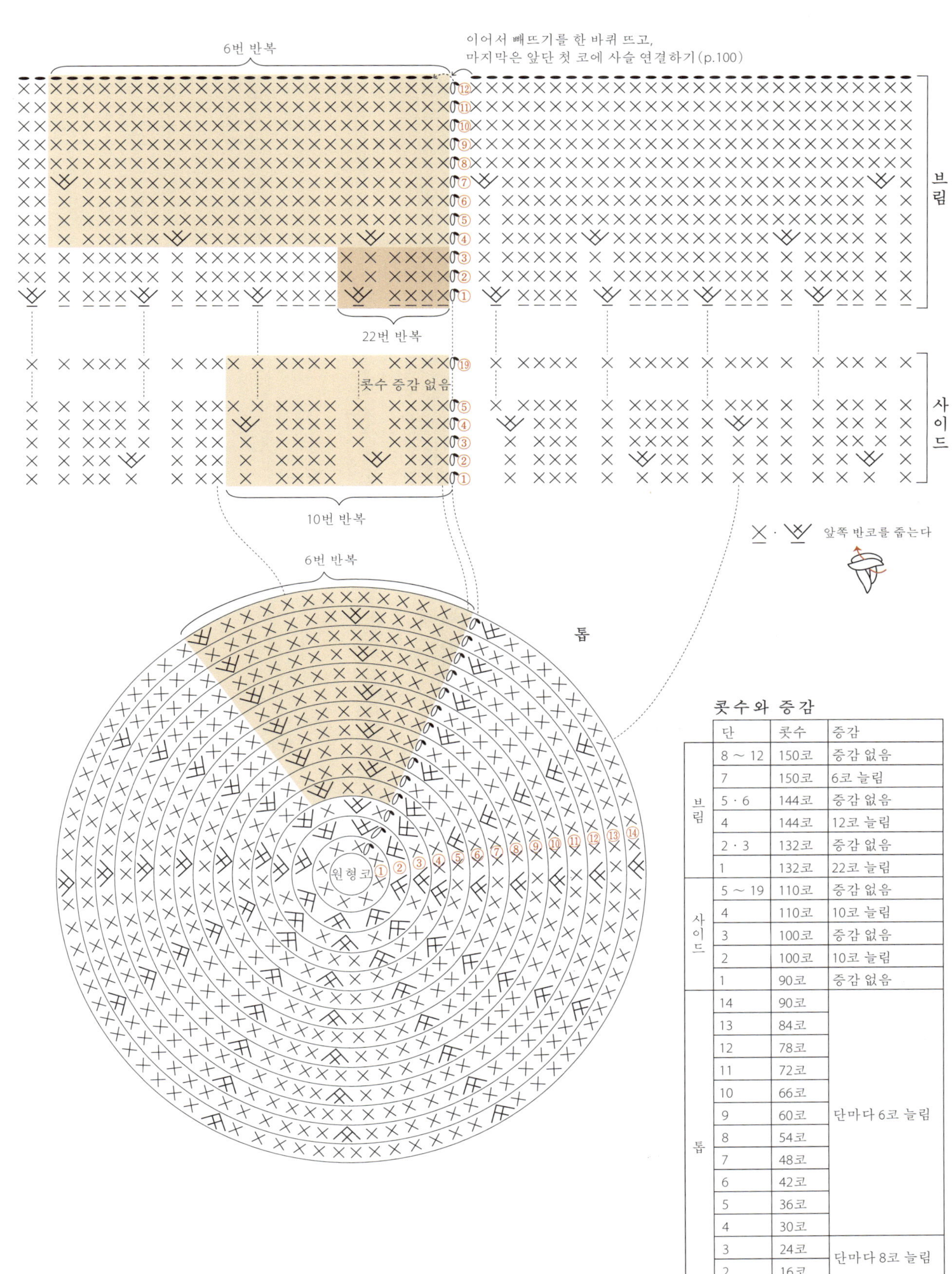

콧수와 증감

	단	콧수	증감
브림	8 ~ 12	150코	증감 없음
	7	150코	6코 늘림
	5 · 6	144코	증감 없음
	4	144코	12코 늘림
	2 · 3	132코	증감 없음
	1	132코	22코 늘림
사이드	5 ~ 19	110코	증감 없음
	4	110코	10코 늘림
	3	100코	증감 없음
	2	100코	10코 늘림
	1	90코	증감 없음
톱	14	90코	
	13	84코	
	12	78코	
	11	72코	
	10	66코	
	9	60코	단마다 6코 늘림
	8	54코	
	7	48코	
	6	42코	
	5	36코	
	4	30코	
	3	24코	단마다 8코 늘림
	2	16코	
	1	8코	8코 떠 넣기

B 둥근 모양의 톱과 뒤트임 브림

실	메르헨아트 마닐라 헴프 얀
	(1타래 약 20g)
	스트로컬러 (507)…86g
	[톱과 사이드 54g/ 브림 32g]
바늘	코바늘 6/0호·돗바늘
게이지	짧은뜨기 19코×20단 = 가로10cm×세로10cm
사이즈	머리둘레 58cm 높이 9.5cm

[뜨는방법]

1 〈톱〉 매직링으로 기초코를 만들고 짧은뜨기를 8코 떠 넣는다. 코를 늘려 가며 14
  단까지 짧은뜨기를 뜬다.

2 〈사이드〉 톱에 이어서 뜬다. 2단과 4단은 코를 늘려 가며 뜨고, 5~19단은 콧수
  증감 없이 짧은뜨기를 뜬다.

3 〈브림〉 사이드에 이어서 뜬다. 1단은 5코마다 코를 늘려 가며 앞단 짧은뜨기 머
  리의 앞쪽 반코를 주워 짧은뜨기를 뜬다. 2단부터는 왕복뜨기로 뜬다. 뒤트임 부
  분은 매단에서 그 이외에는 5단과 7단에서 코를 늘려 가며 11단까지 짧은뜨기를
  뜬다. 11단의 마지막은 1단의 코를 주워 짧은 2코 모아뜨기를 한다.

4 이어서 빼뜨기를 한 바퀴 뜨고, 마지막은 앞단 첫 코에 사슬 연결하기로 마무리
  한다.

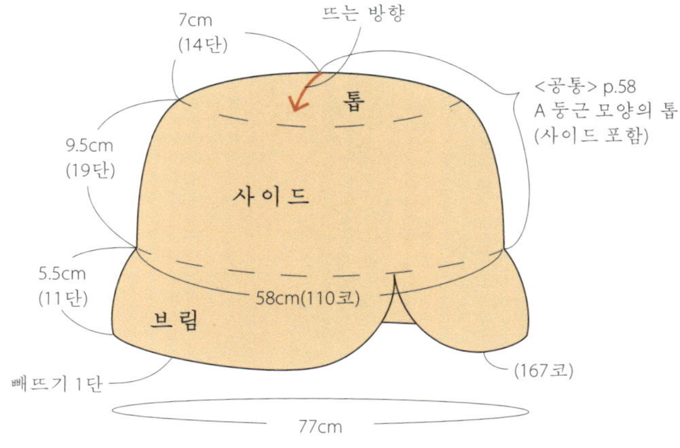

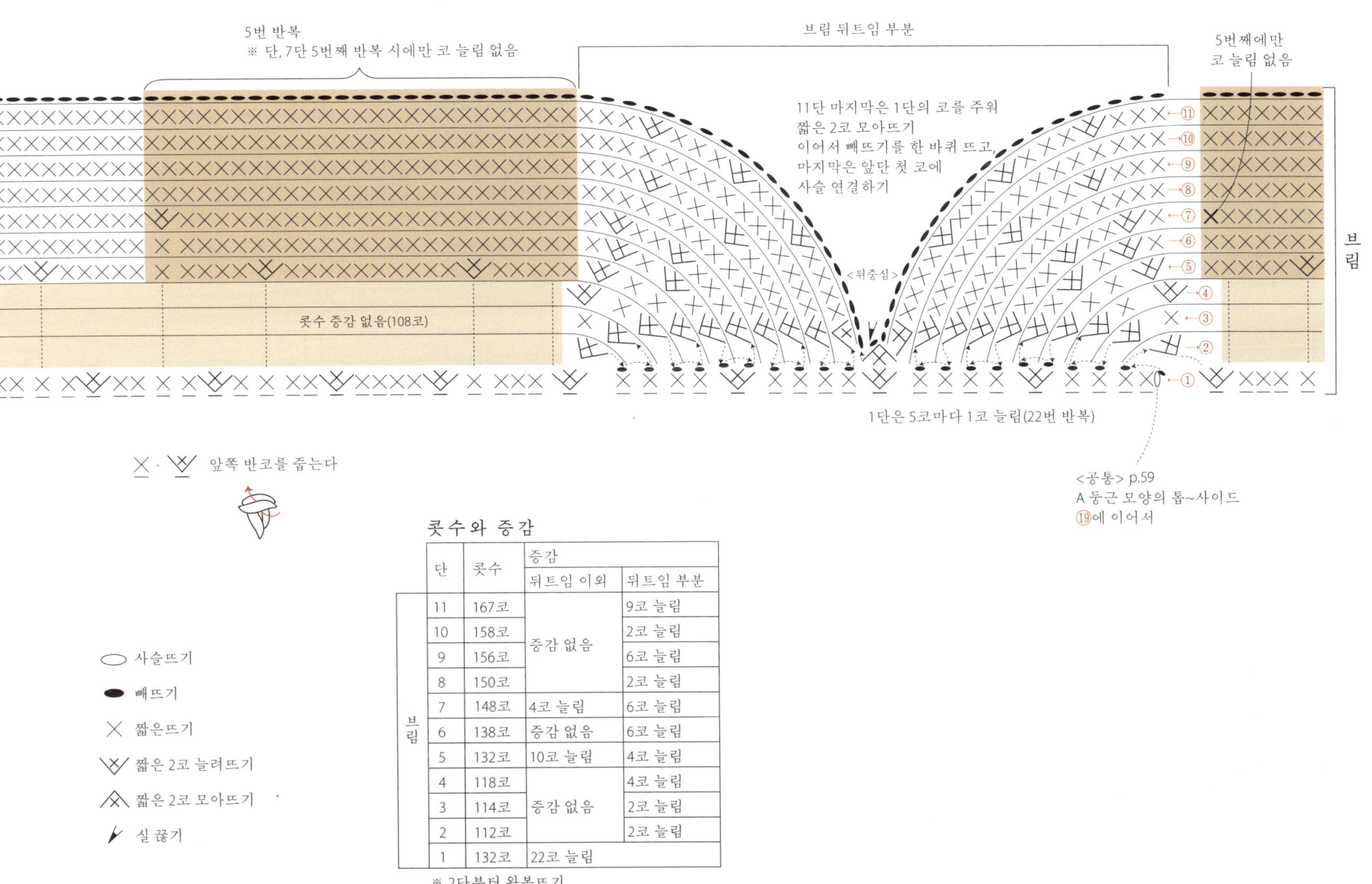

$\times \cdot \vee$ 앞쪽 반코를 줍는다

사슬뜨기 빼뜨기 짧은뜨기 짧은 2코 늘려뜨기 짧은 2코 모아뜨기 실 끊기

콧수와 증감

단	콧수	증감	
		뒤트임 이외	뒤트임 부분
11	167코		9코 늘림
10	158코		2코 늘림
9	156코	증감 없음	6코 늘림
8	150코		2코 늘림
7	148코	4코 늘림	6코 늘림
6	138코	증감 없음	6코 늘림
5	132코	10코 늘림	4코 늘림
4	118코		4코 늘림
3	114코	증감 없음	2코 늘림
2	112코		2코 늘림
1	132코	22코 늘림	

(브림)

※ 2단부터 왕복뜨기

C 중절과 스트레이트 브림

실	메르헨아트 마닐라 헴프 얀
	(1타래 약 20c)
	스트로컬러 (507)…96g
	[톱과 사이드 68g / 브림 28g]
바늘	코바늘 6/0호 · 코바늘 7/0호 · 돗바늘
게이지	짧은뜨기 19코×20단 = 가로 10cm×세로 10cm
	무늬뜨기 5무늬 (20코)=9.7cm
사이즈	머리둘레 58cm 높이 7cm

뜨는방법

1 〈톱〉6/0호 바늘을 사용해 사슬뜨기로 기초코를 17코 뜨고, 짧은뜨기를 38코 둥글게 뜬다. 코를 늘려 가며 10단까지 짧은뜨기를 뜬다. 이어서 빼뜨기를 한 바퀴 뜬다.

2 〈사이드〉톱에 이어서 뜬다. 1단은 톱 10단의 짧은뜨기 코를 주워 콧수 증감 없이 짧은뜨기를 뜬다. 5단, 10단, 18단은 코를 늘려 가며 뜨고, 19단은 콧수 증감 없이 짧은뜨기를 뜬다. 20~22단만 7/0호 바늘을 사용해 무늬뜨기를 콧수 증감 없이 3단 뜬다. 6/0호 바늘로 바꿔 23단은 코를 줄여 가며 뜨고, 24단은 콧수 증감 없이 짧은뜨기를 뜬다.

3 〈브림〉사이드에 이어서 뜬다. 1단은 코를 늘려 가며 앞단 짧은뜨기 머리의 앞쪽 반코를 주워 짧은뜨기를 뜬다. 5단과 8단은 코를 늘려 가며 뜨고, 9~10단은 콧수 증감 없이 짧은뜨기를 뜬다.

4 마지막 단에 이어서 빼뜨기를 한 바퀴 뜨고, 마지막은 앞단 첫 코에 사슬 연결하기로 마무리한다.

콧수와 증감

	단	콧수	증감
브림	9 · 10	156코	증감 없음
	8	156코	13코 늘림
	6 · 7	143코	증감 없음
	5	143코	13코 늘림
	2 ~ 4	130코	증감 없음
	1	130코	20코 늘림
사이드	24	110코	증감 없음
	23	110코	10코 줄임
	20 ~ 22	120코	무늬뜨기, 증감 없음
	19	120코	증감 없음
	18	120코	10코 늘림
	11 ~ 17	110코	증감 없음
	10	110코	10코 늘림
	6 ~ 9	100코	증감 없음
	5	100코	10코 늘림
	1 ~ 4	90코	증감 없음
톱	10	90코	앞 1코, 뒤 2코 늘림
	9	87코	앞 2코, 뒤 4코 늘림
	8	81코	앞 2코, 뒤 6코 늘림
	7	73코	앞뒤 4코씩 늘림
	6	65코	앞 2코, 뒤 4코 늘림
	5	59코	
	4	53코	
	3	47코	앞 1코, 뒤 4코 늘림
	2	42코	앞뒤 2코씩 늘림
	1	38코	

※ 기초코 사슬뜨기 17코
※ 사이드 20~22단 무늬뜨기는 코바늘 7/0호로 뜬다

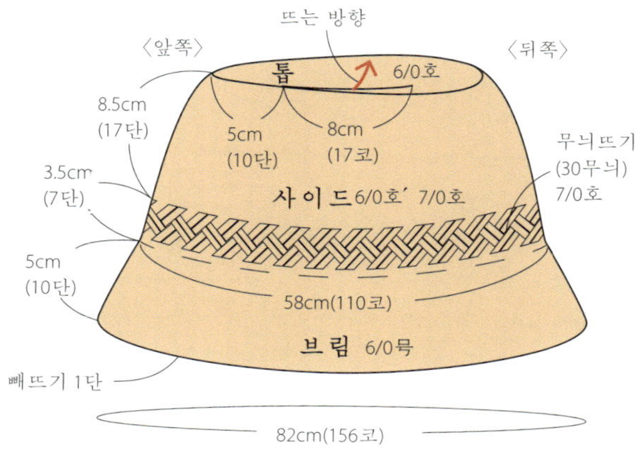

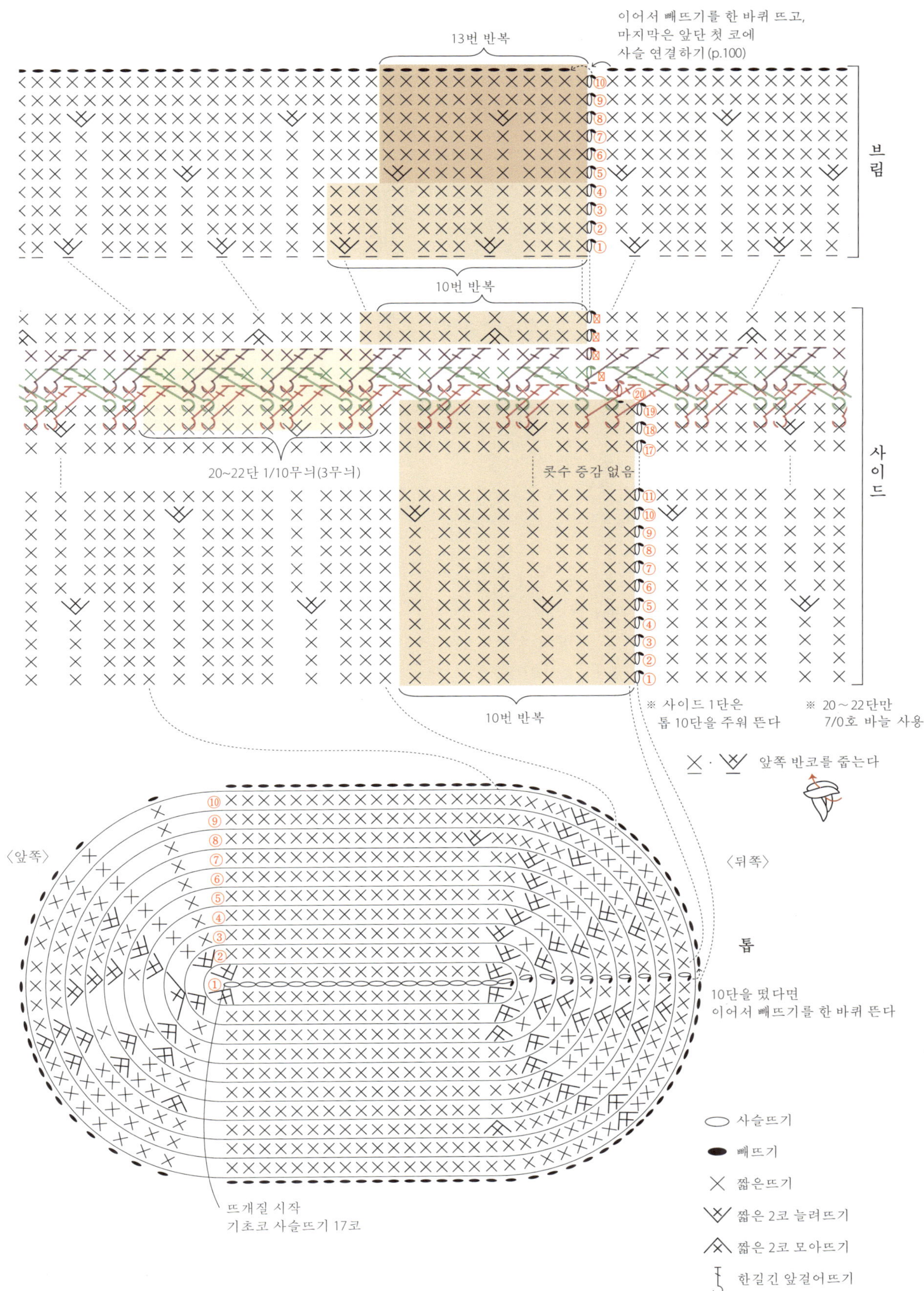

이어서 빼뜨기를 한 바퀴 뜨고,
마지막은 앞단 첫 코에
사슬 연결하기 (p.100)
13번 반복
브림
10번 반복
20~22단 1/10무늬(3무늬)
콧수 증감 없음
사이드
10번 반복
※ 사이드 1단은
톱 10단을 주워 뜬다
※ 20~22단만
7/0호 바늘 사용
앞쪽 반코를 줍는다
〈앞쪽〉
〈뒤쪽〉
톱
10단을 떴다면
이어서 빼뜨기를 한 바퀴 뜬다
뜨개질 시작
기초코 사슬뜨기 17코
사슬뜨기
빼뜨기
짧은뜨기
짧은 2코 늘려뜨기
짧은 2코 모아뜨기
한길긴 앞걸어뜨기

D 움푹한 모양의 톱과 컬 브림

실	메르헨아트 마닐라 헴프 얀 (1타래 약 20g) 스트로컬러 (511)…89g [톱과 사이드 54g/ 브림 25g]
바늘	코바늘 6/0호·돗바늘
게이지	짧은뜨기 19코×20단 = 가로 10cm×세로10cm
사이즈	머리둘레 58cm 높이 9cm

뜨는방법

1 〈톱〉매직링으로 기초코를 만들고 짧은뜨기를 8코 떠 넣는다. 코를 늘려 가며 12단까지 짧은뜨기를 뜬다. 13단부터는 콧수 증감 없이 뜨고, 16단 은 앞단 짧은뜨기 머리의 앞쪽 반코를 주워 짧은뜨기를 뜬다(16～17단이 접힌 부분이 됨).

2 〈사이드〉톱에 이어서 뜬다. 1단, 4단, 7단은 코를 늘려 가며 뜨고, 8～23단은 콧수 증감 없이 짧은뜨기를 뜬다.

3 〈브림〉사이드에 이어서 뜬다. 1단은 5코마다 코를 늘려 가며 앞단 짧은 뜨기 머리의 앞쪽 반코를 주워 짧은뜨기를 뜬다. 5단과 8단은 코를 늘려 가며 9단까지 짧은뜨기를 뜬다.

4 마지막 단에 이어서 빼뜨기를 한 바퀴 뜨고, 마지막은 앞단 첫 코에 사슬 연결하기로 마무리한다.

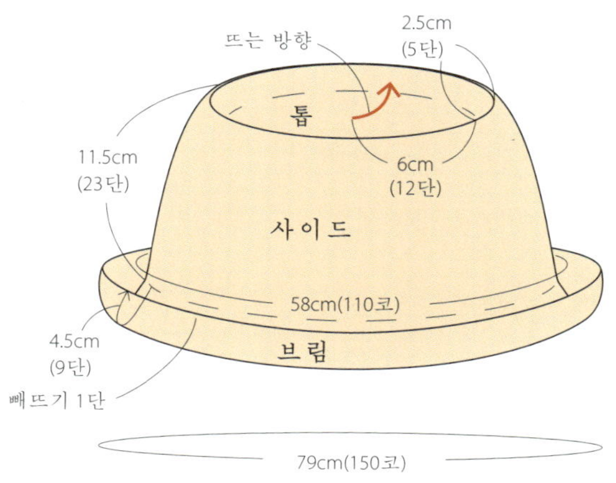

콧수와 증감

	단	콧수	증감
브림	9	150코	증감 없음
	8	150코	6코 늘림
	6 · 7	144코	증감 없음
	5	144코	12코 늘림
	2 ～ 4	132코	증감 없음
	1	132코	22코 늘림
사이드	8 ～ 23	110코	증감 없음
	7	110코	10코 늘림
	5 · 6	100코	증감 없음
	4	100코	10코 늘림
	2 · 3	90코	증감 없음
	1	90코	6코 늘림
톱	13 ～ 17	84코	증감 없음
	12	84코	단마다 6코 늘림
	11	78코	
	10	72코	단마다 8코 늘림
	9	64코	
	8	56코	
	7	48코	단마다 6코 늘림
	6	42코	
	5	36코	
	4	30코	
	3	24코	단마다 8코 늘림
	2	16코	
	1	8코	8코 떠 넣기

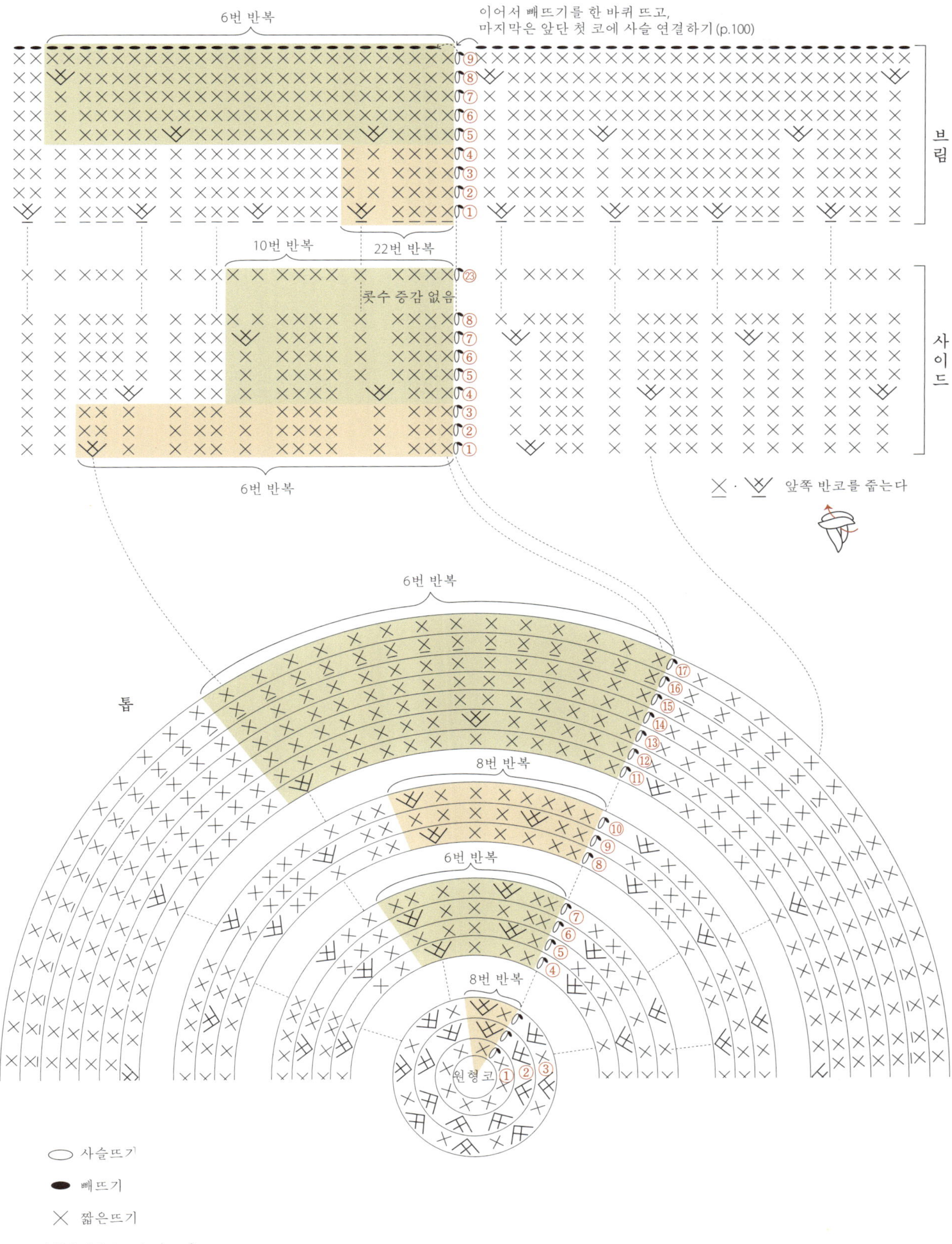
6번 반복
이어서 빼뜨기를 한 바퀴 뜨고,
마지막은 앞단 첫 코에 사슬 연결하기 (p.100)
브림
10번 반복
22번 반복
콧수 증감 없음
사이드
6번 반복
앞쪽 반코를 줍는다
6번 반복
톱
8번 반복
6번 반복
8번 반복
원형코
사슬뜨기
빼뜨기
짧은뜨기
짧은 2코 늘려뜨기

E 포크파이와 스트레이트 브림

실	메르헨아트 마닐라 헴프 얀 (1타래 약 20g) 밀크컬러(511)…91.9g [톱과 사이드 63.8g/ 브림 28.1g]
바늘	코바늘 6/0호·돗바늘
게이지	짧은뜨기 19코×20단＝가로 10cm×세로10cm
사이즈	머리둘레 58cm 높이 7.5cm

뜨는방법

1 〈톱〉매직링으로 기초코를 만들고 짧은뜨기를 8코 떠 넣는다. 14단까지 는 코를 늘려 가며 뜨고, 15단부터는 증감 없이 짧은뜨기를 뜬다. 16단에 이어서 빼뜨기를 한 바퀴 뜨고, 17단은 빼뜨기 코 2가닥을 주워 뜬다. 계속해서 편물의 안면을 보면서 반대 방향으로 20단까지 짧은뜨기를 증감 없이 뜨고, 이어서 빼뜨기를 한 바퀴 뜬다.

2 〈사이드〉톱에 이어서 편물의 겉면을 보면서 뜬다. 1단은 앞의 빼뜨기 코 2가닥을 주워 짧은뜨기를 콧수 증감 없이 뜬다. 5단과 8단은 코를 늘려 가며 뜨고, 9~19단은 콧수 증감 없이 짧은뜨기를 뜬다.

3 〈브림〉사이드에 이어서 뜬다. 1단은 코를 늘려 가며 앞단 짧은뜨기 머리의 앞쪽 반코를 주워 짧은뜨기를 뜬다. 5단과 8단은 코를 늘려 가며 뜨고, 9~10단은 콧수 증감 없이 짧은뜨기를 뜬다.

4 마지막 단에 이어서 빼뜨기를 한 바퀴 뜨고, 마지막은 앞단 첫 코에 사슬 연결하기로 마무리한다.

콧 수 와 증 감

	단	콧수	증감
브림	9 · 10	156코	증감 없음
	8	156코	13코 늘림
	6 · 7	143코	증감 없음
	5	143코	13코 늘림
	2 ~ 4	130코	증감 없음
	1	130코	20코 늘림
사이드	9 ~ 19	110코	증감 없음
	8	110코	10코 늘림
	6 · 7	100코	증감 없음
	5	100코	10코 늘림
	1 ~ 4	90코	증감 없음
톱	15 ~ 20	90코	증감 없음
	14	90코	
	13	84코	
	12	78코	
	11	72코	
	10	66코	
	9	60코	단마다 6코 늘림
	8	54코	
	7	48코	
	6	42코	
	5	36코	
	4	30코	
	3	24코	단마다 8코 늘림
	2	16코	
	1	8코	8코 떠 넣기

모자 A~E는 톱(사이드 포함)과
브림 조합을 변경할 수 있음

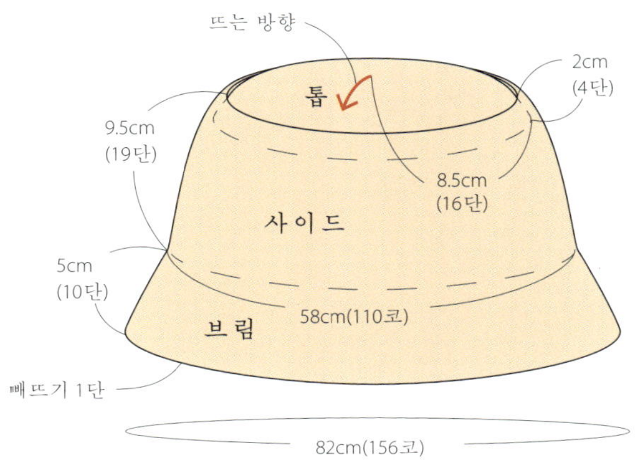

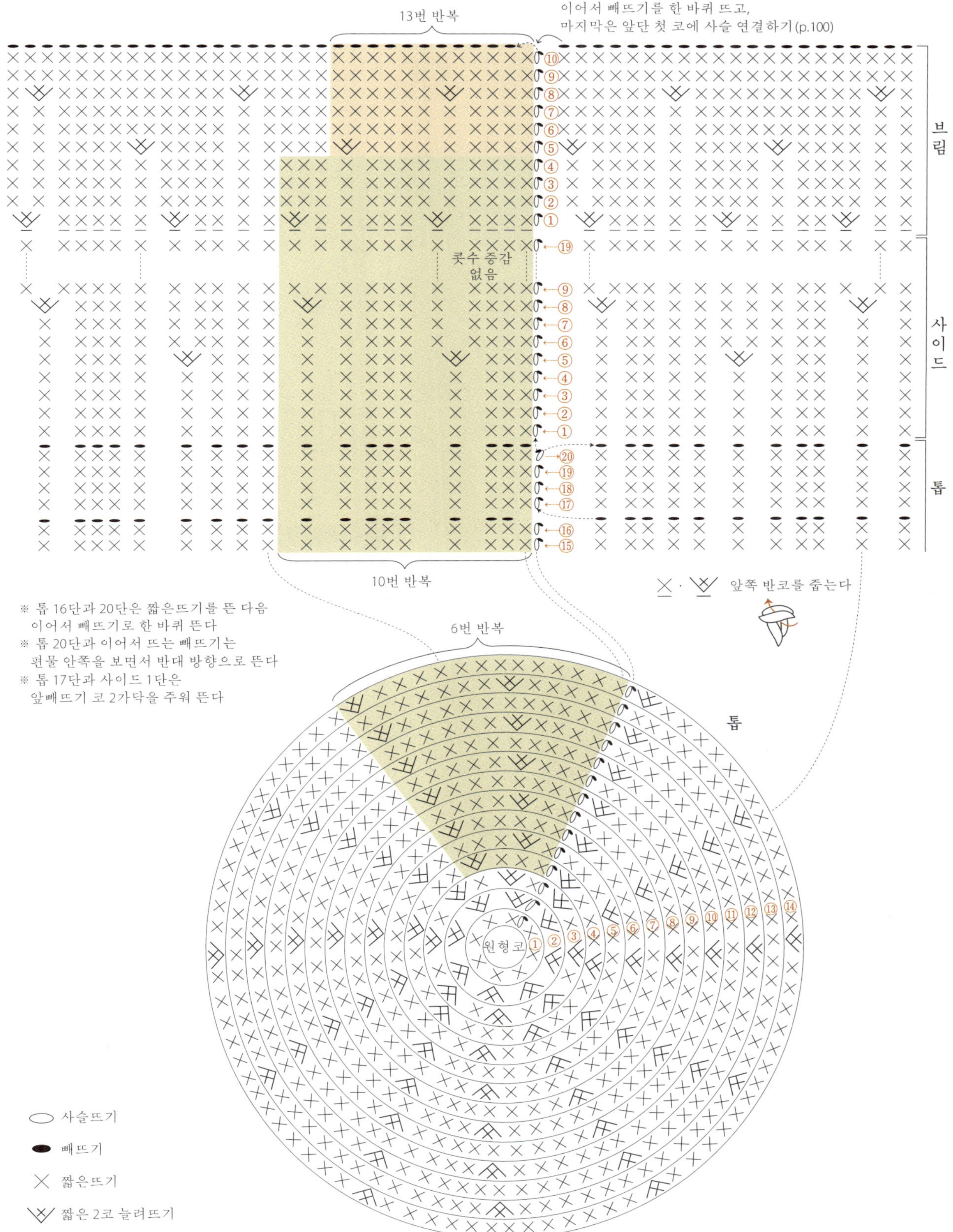
13번 반복
이어서 빼뜨기를 한 바퀴 뜨고,
마지막은 앞단 첫 코에 사슬 연결하기 (p.100)
브림
사이드
톱
콧수 증감 없음
10번 반복
6번 반복
톱
원형코
앞쪽 반코를 줍는다
※ 톱 16단과 20단은 짧은뜨기를 뜬 다음
　이어서 빼뜨기로 한 바퀴 뜬다
※ 톱 20단과 이어서 뜨는 빼뜨기는
　편물 안쪽을 보면서 반대 방향으로 뜬다
※ 톱 17단과 사이드 1단은
　앞빼뜨기 코 2가닥을 주워 뜬다
사슬뜨기
빼뜨기
짧은뜨기
짧은 2코 늘려뜨기

F 기본 스타일의 플랫 해트

실	DARUMA SASAWASHI FLAT

（1타래 약 25g）
내추럴컬러（101）…80g

기타	리본끈（폭 38mm·블랙컬러）…100cm
바늘	코바늘 4/0호·돗바늘·접착제·투명실
게이지	짧은뜨기 22코×25단＝가로 10cm×세로10cm
사이즈	머리둘레 57cm 높이 9cm

뜨는방법

1 〈톱〉매직링으로 기초코를 만들고 짧은뜨기를 7
코 떠 넣는다. 코를 늘려 가며 17단까지 짧은뜨기
를 뜬다. 18단은 코를 늘리지 않고 안면에서 뜬다.

2 〈사이드〉톱에 이어서 뜬다. 1단과 10단은 코를
늘려 가며 뜨고, 11～23단은 콧수 증감 없이 짧은
뜨기를 뜬다.

3 〈브림〉사이드에 이어서 뜬다. 지정된 단에서 코
를 늘려 가며 15단까지 짧은뜨기를 뜬다.

4 마지막 단에 이어서 빼뜨기를 한 바퀴 뜨고, 마지
막은 앞단 첫 코에 사슬 연결하기로 마무리한다.

5 톱 마지막 단에 체인 스티치를 한다.

6 리본을 만들어 모자에 단다（p.54 참고）.

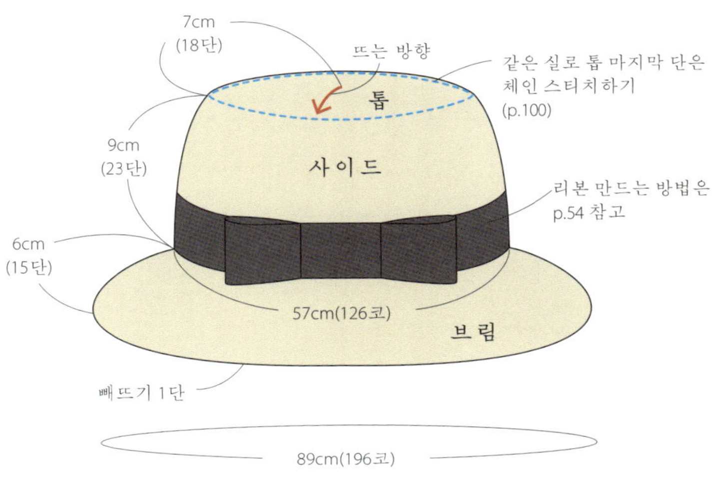

X 짧은뜨기

W 짧은 2코 늘려뜨기

● 빼뜨기

✔ 실 끊기

콧 수 와 증 감

톱	단	콧수	증감
	18	119코	증감 없음
	17	119코	
	16	112코	
	15	105코	
	14	98코	
	13	91코	
	12	84코	
	11	77코	
	10	70코	단마다 7코 늘림
	9	63코	
	8	56코	
	7	49코	
	6	42코	
	5	35코	
	4	28코	
	3	21코	
	2	14코	
	1	7코	7코 떠 넣기

	단	콧수	증감
브림	15	196코	증감 없음
	14	196코	7코 늘림
	13	189코	증감 없음
	12	189코	7코 늘림
	11	182코	증감 없음
	10	182코	7코 늘림
	9	175코	증감 없음
	8	175코	단마다 7코 늘림
	7	168코	
	6	161코	증감 없음
	5	161코	
	4	154코	
	3	147코	단마다 7코 늘림
	2	140코	
	1	133코	
사이드	11～23	126코	증감 없음
	10	126코	3코 늘림
	2～9	123코	증감 없음
	1	123코	4코 늘림

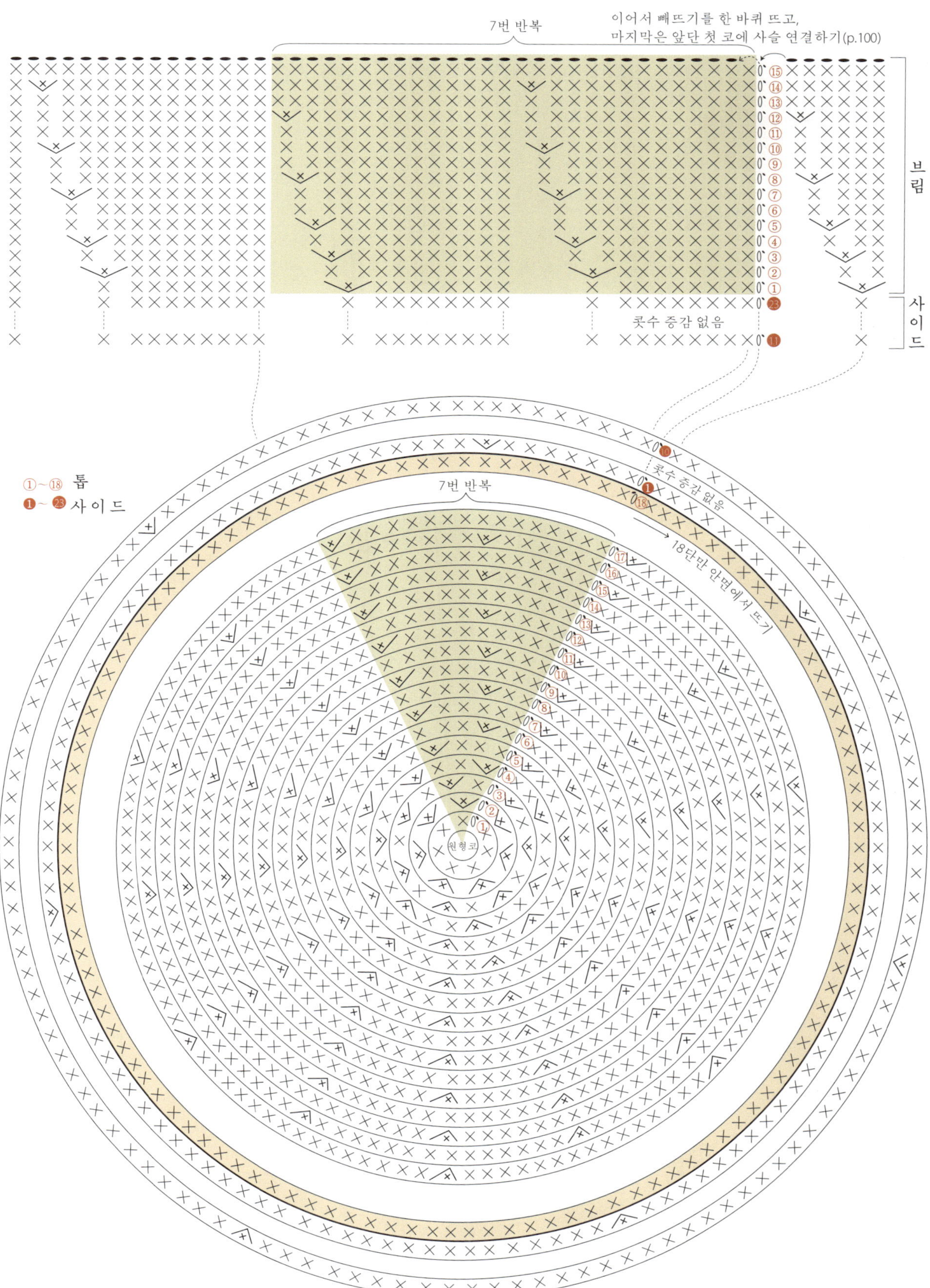

7번 반복
이어서 빼뜨기를 한 바퀴 뜨고,
마지막은 앞단 첫 코에 사슬 연결하기(p.100)
브림
사이드
콧수 증감 없음
①~⑱ 톱
①~㉓ 사이드
7번 반복
콧수 증감 없음
18단만 안면에 치뜨기
원형코

G 둥근 챙의 플랫 해트

실	DARUMA SASAWASHI FLAT (1타래 약 25g) 내추럴컬러(101)…120g
기타	리본끈(폭 24mm·블랙컬러)…90cm
바늘	코바늘 4/0호·돗바늘·접착제·투명실
게이지	짧은뜨기 22코×25단 = 가로 10cm×세로 10cm
사이즈	머리둘레 57cm 높이 9cm

뜨는방법

1 〈톱〉매직링으로 기초코를 만들고 짧은뜨기를 7
코 떠 넣는다. 코를 늘려 가며 17단까지 짧은뜨기
를 뜬다. 18단은 코를 늘리지 않고 안면에서 뜬다.

2 〈사이드〉톱에 이어서 뜬다. 1단과 10단은 코를
늘려 가며 뜨고, 11~23단은 콧수 증감 없이 짧은
뜨기를 뜬다.

3 〈브림〉사이드에 이어서 뜬다. 지정된 단에서 코
를 늘려 가며 21단까지 짧은뜨기를 뜬다.

4 마지막 단에 이어서 빼뜨기를 한 바퀴 뜨고, 마지
막은 앞단 첫 코에 사슬 연결하기로 마무리한다.

5 리본을 만들어 모자에 단다(p.54 참고).

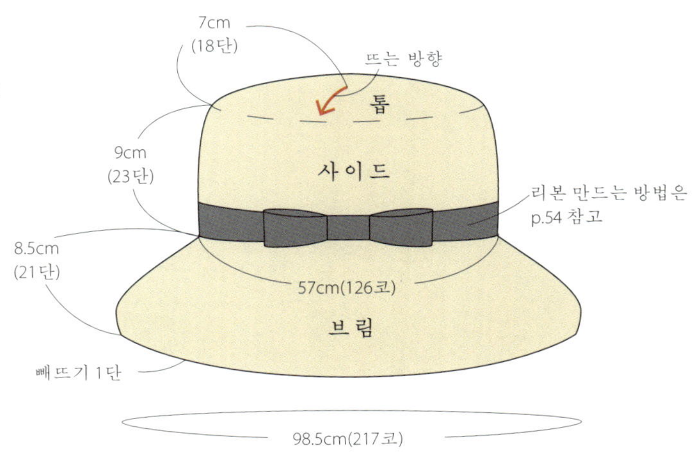

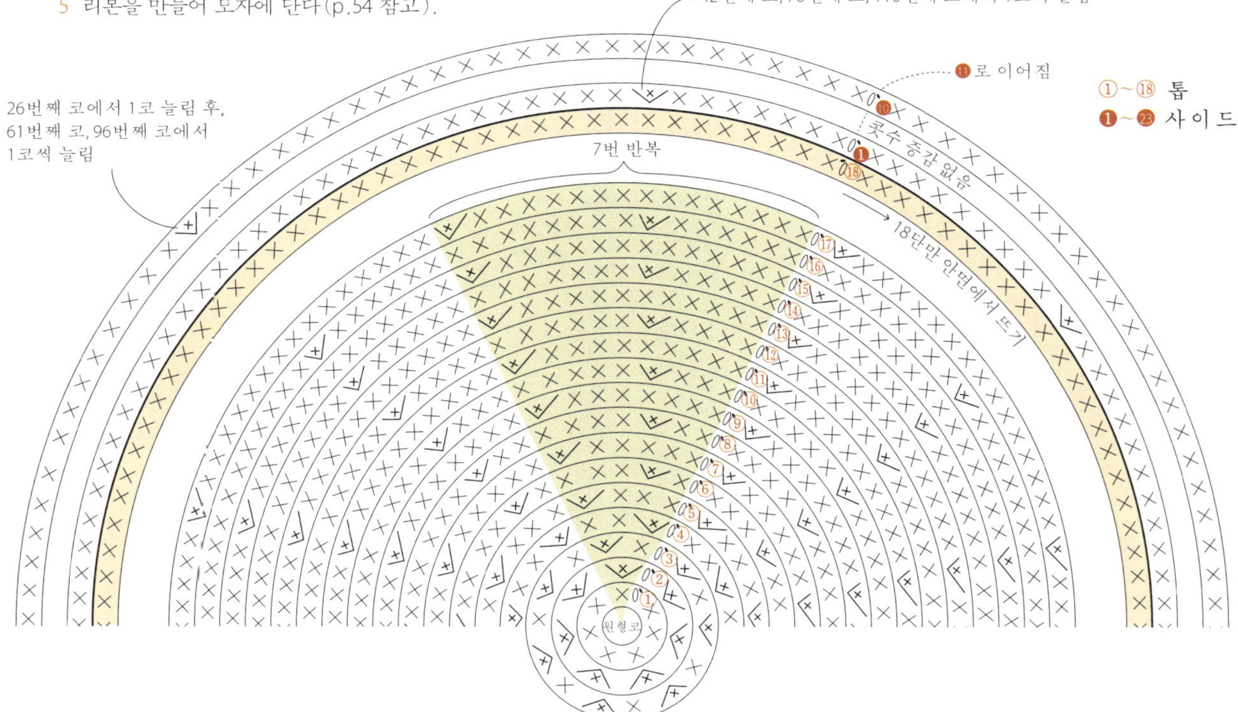

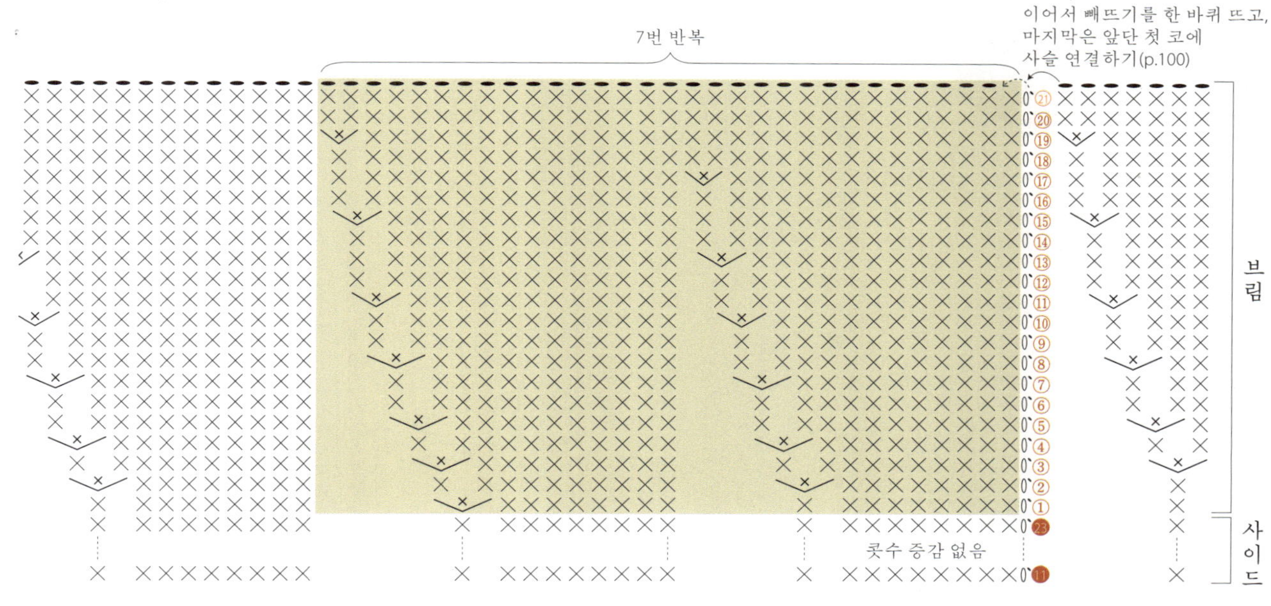

✕ 짧은뜨기

✕ 짧은 2코 늘려뜨기

● 빼뜨기

콧수와 증감

	단	콧수	증감
사이드	11~23	126코	증감 없음
	10	126코	3코 늘림
	2~9	123코	증감 없음
	1	123코	4코 늘림
톱	18	119코	증감 없음
	17	119코	
	16	112코	
	15	105코	
	14	98코	
	13	91코	
	12	84코	
	11	77코	
	10	70코	단마다 7코 늘림
	9	63코	
	8	56코	
	7	49코	
	6	42코	
	5	35코	
	4	28코	
	3	21코	
	2	14코	
	1	7코	7코 떠 넣기

	단	콧수	증감
브림	21	217코	증감 없음
	20	217코	
	19	217코	7코 늘림
	18	210코	증감 없음
	17	210코	7코 늘림
	16	203코	증감 없음
	15	203코	7코 늘림
	14	196코	증감 없음
	13	196코	7코 늘림
	12	189코	증감 없음
	11	189코	단마다 7코 늘림
	10	182코	
	9	175코	증감 없음
	8	175코	3코 늘림
	7	168코	
	6	161코	증감 없음
	5	161코	
	4	154코	
	3	147코	단마다 7코 늘림
	2	140코	
	1	133코	

H 넓은 챙의 캐플린 해트

실	DARUMA SASAWASHI FLAT (1타래 약 25g) 내추럴컬러(101)…132g
기타	그로그랭 리본끈(폭 24mm·카키컬러)…90cm
바늘	코바늘 5/0호·돗바늘·접착제·투명실
게이지	짧은뜨기 18코×22단 = 가로 10cm×세로10cm
사이즈	머리둘레 54.5cm 높이 5.4cm

[뜨는방법]

1 〈톱〉매직링으로 기초코를 만들고 짧은뜨기를 6코 떠 넣
  는다. 코를 늘려 가며 15단까지 짧은뜨기를 뜬다. 16단
  은 코를 늘리지 않고 안면에서 뜬다.

2 〈사이드〉톱에 이어서 뜬다. 1단과 4단은 코를 늘려 가
  며 뜨고, 5~12단은 콧수 증감 없이 짧은뜨기를 뜬다.

3 〈브림〉사이드에 이어서 뜬다. 지정된 단에서 코를 늘려
  가며 25단까지 짧은뜨기를 뜬다.

4 마지막 단에 이어서 빼뜨기를 한 바퀴 뜨고, 마지막은
  앞단 첫 코에 사슬 연결하기로 마무리한다.

5 리본을 만들어 모자에 단다(p.54 참고).

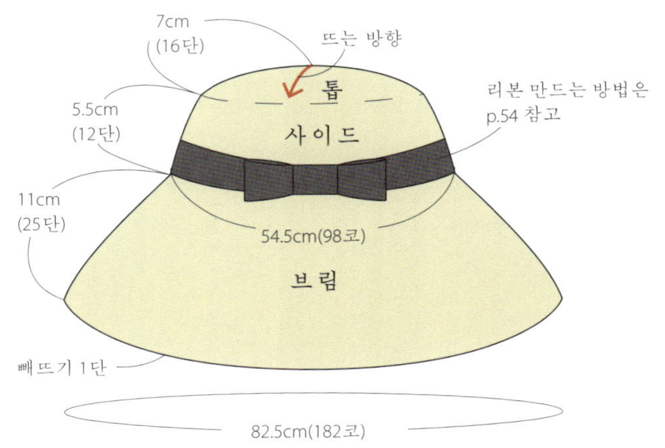

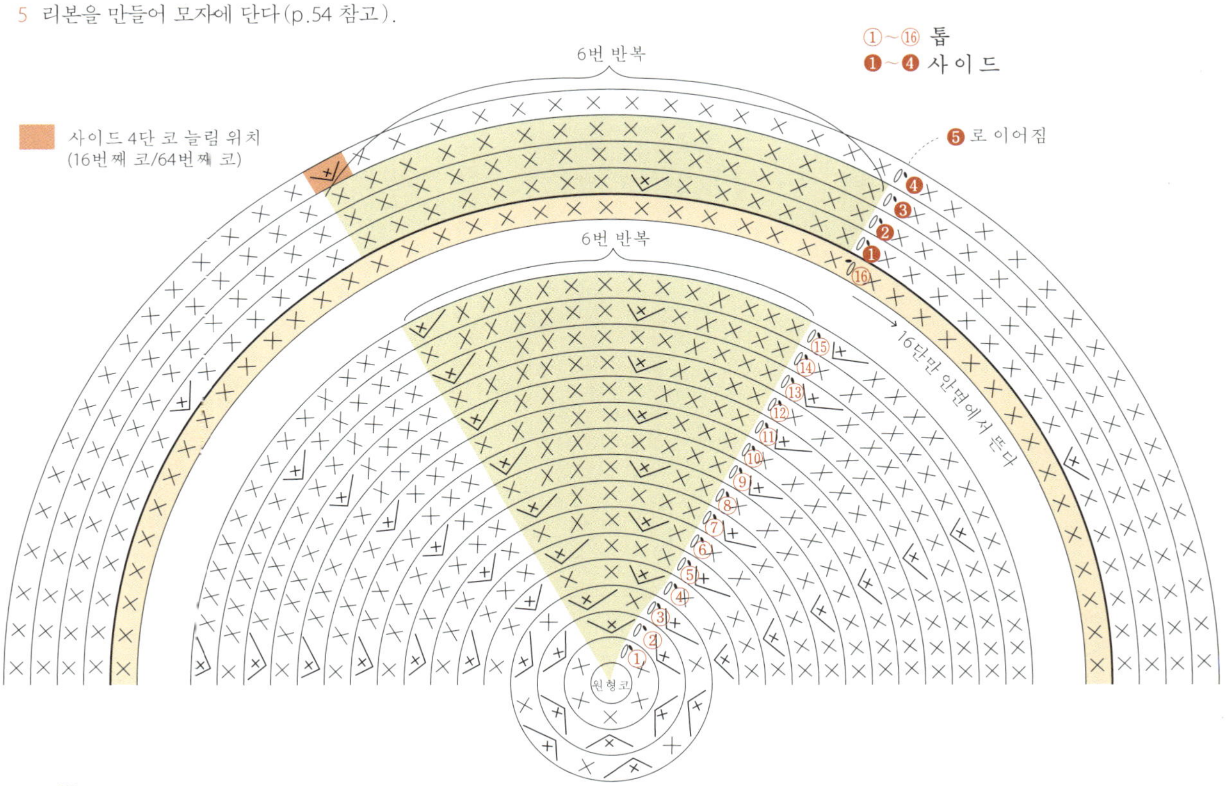

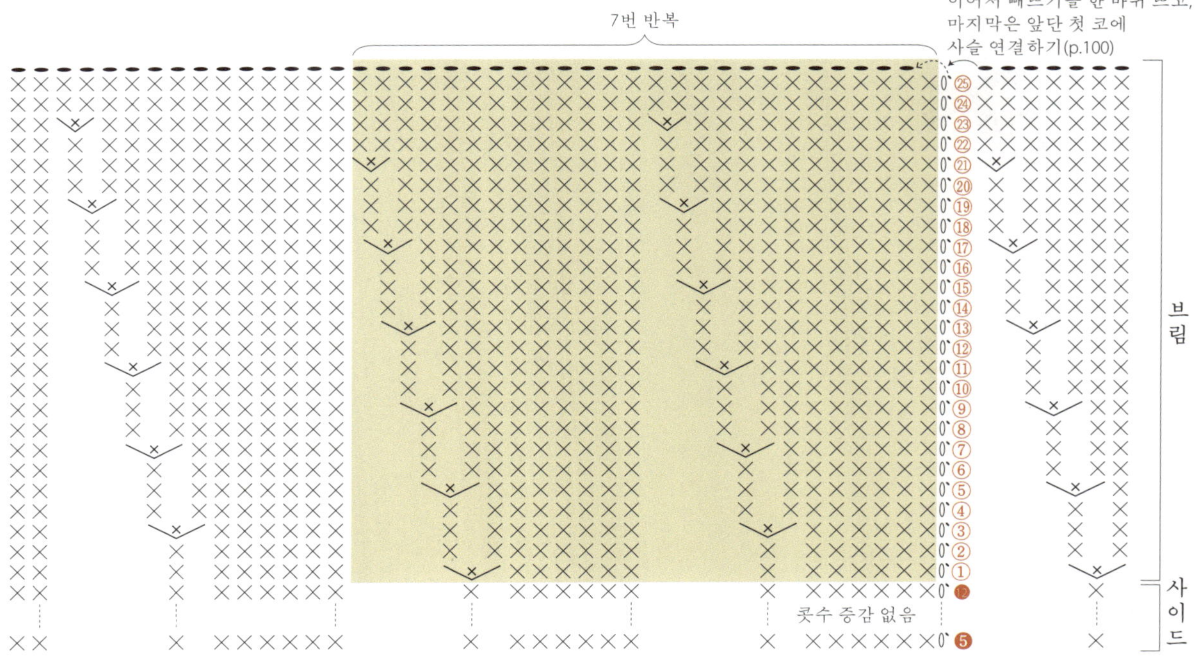

× 짧은뜨기

Ⅴ 짧은 2코 늘려뜨기

● 빼뜨기

╱ 실 끊기

콧수와 증감

	단	콧수	증감
사이드	5~12	98코	증감 없음
	4	98코	2코 늘림
	2~3	96코	증감 없음
	1	96코	6코 늘림
톱	16	90코	증감 없음
	15	90코	단마다 6코 늘림
	14	84코	
	13	78코	
	12	72코	
	11	66코	
	10	60코	
	9	54코	
	8	48코	
	7	42코	
	6	36코	
	5	30코	
	4	24코	
	3	18코	
	2	12코	
	1	6코	6코 떠 넣기

	단	콧수	증감
브림	25	182코	증감 없음
	24	182코	
	23	182코	7코 늘림
	22	175코	증감 없음
	21	175코	7코 늘림
	20	168코	증감 없음
	19	168코	7코 늘림
	18	161코	증감 없음
	17	161코	7코 늘림
	16	154코	증감 없음
	15	154코	7코 늘림
	14	147코	증감 없음
	13	147코	7코 늘림
	12	140코	증감 없음
	11	140코	7코 늘림
	10	133코	증감 없음
	9	133코	7코 늘림
	8	126코	증감 없음
	7	126코	7코 늘림
	6	119코	증감 없음
	5	119코	7코 늘림
	4	112코	증감 없음
	3	112코	7코 늘림
	2	105코	증감 없음
	1	105코	7코 늘림

토플리스 선바이저 해트

실	DARUMA SASAWASHI FLAT
	(1타래 약 25g)
	라이트브라운컬러 (101)…70g
기타	실크 조젯 리본끈 (폭 50mm·블랙컬러)…100cm
바늘	코바늘 4/0흐·돗바늘
게이지	짧은뜨기 22코×23단 = 가로 10cm×세로10cm
사이즈	머리둘레 57cm 높이 7cm

뜨는방법

1 〈사이드〉 사슬뜨기로 기초코를 98코 만든다. 1단은 사슬 반코와 코산을 주워 왕복뜨기로 매단 양끝을 늘려 가며 짧은뜨기를 11단 뜬다. 12~16단은 콧수 증감 없이 뜬다.

2 〈브림〉 사이드에 이어서 뜬다. 왕복뜨기로 코를 늘려 가며 짧은뜨기를 4단까지 뜬다. 5단~18단은 지정된 위치에서 코를 늘리고 매단 양끝을 줄여 가며 뜬다.

3 짧은뜨기로 테두리뜨기를 한 바퀴 뜬다.

4 사이드 5단과 브림 4단을 감침질한다.

5 리본을 만들어 몸체에 바느질한다.

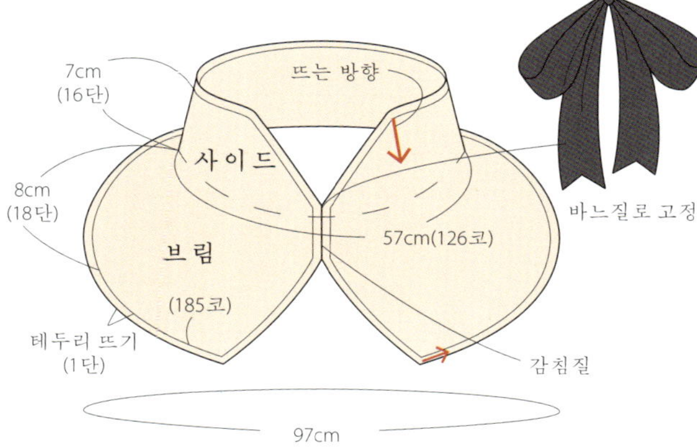

콧수와 증감		
단	콧수	코늘림
12~16	126코	증감 없음
11	126코	단마다 2코 늘림
10	124코	
9	122코	6코 늘림
8	116코	단마다 2코 늘림
7	114코	
6	112코	
5	110코	6코 늘림
4	104코	단마다 2코 늘림
3	102코	
2	100코	
1	98코	기초코 98코

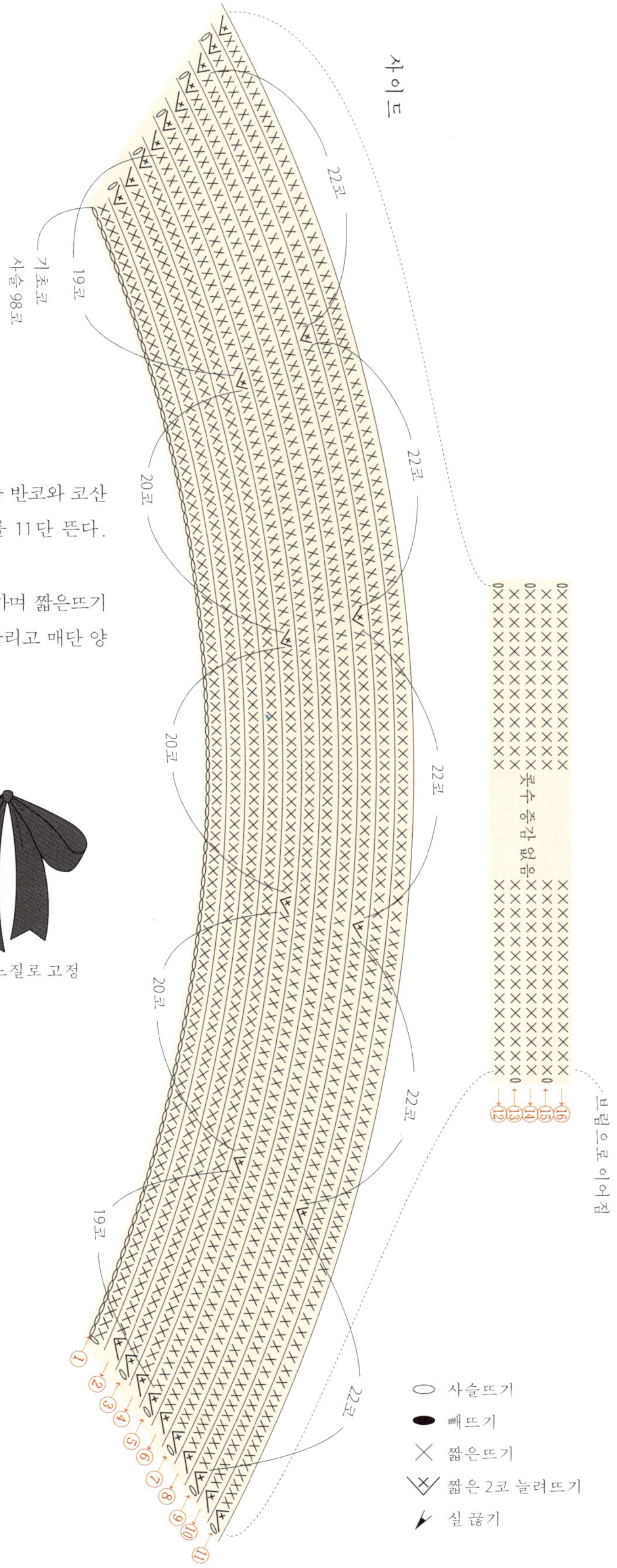

사슬뜨기 · 빼뜨기 · 짧은뜨기 ✕ · 짧은 2코 늘려뜨기 · 실 끊기

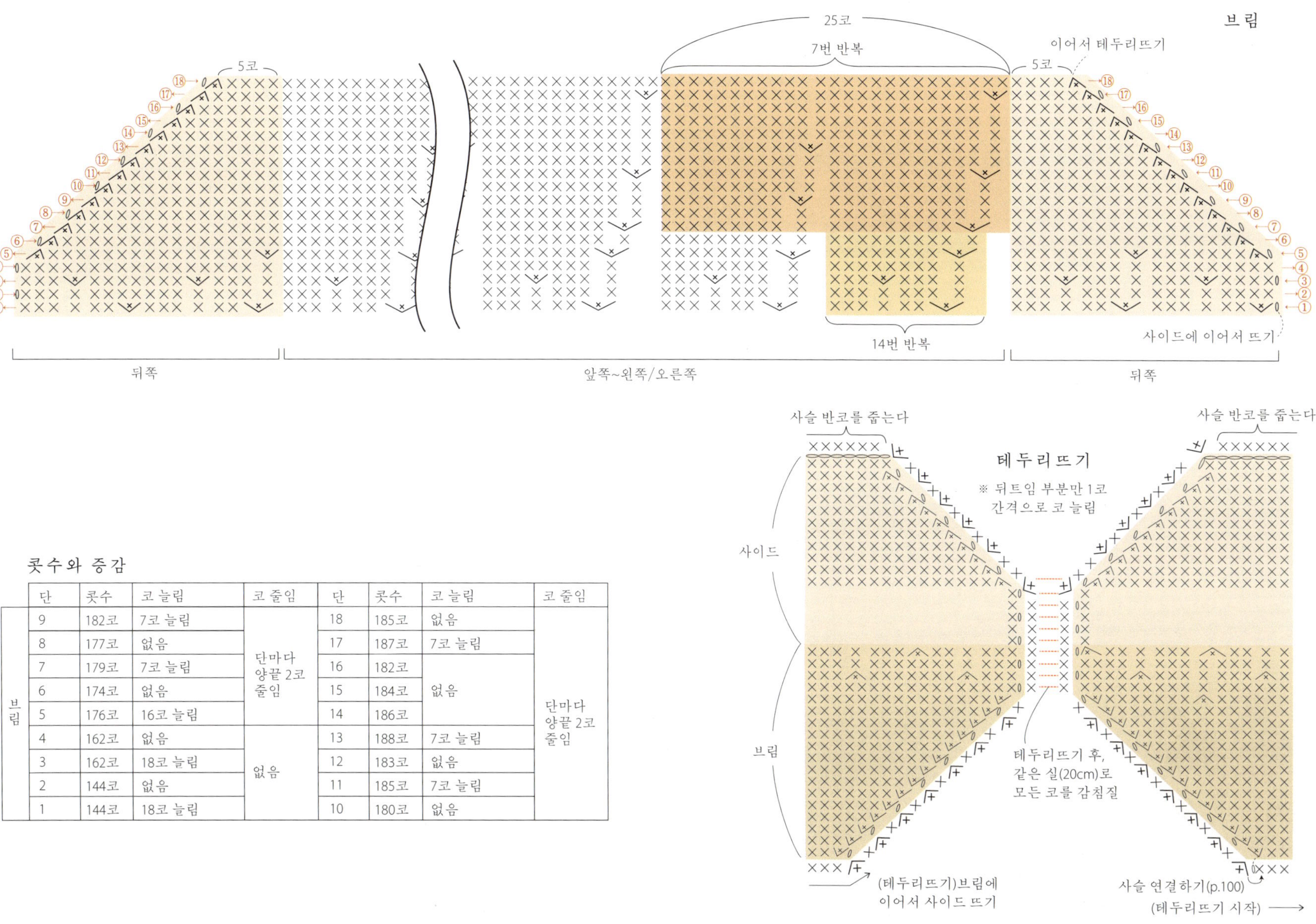

콧수와 증감

단	콧수	코 늘림	코 줄임	단	콧수	코 늘림	코 줄임
9	182코	7코 늘림	단마다 양끝 2코 줄임	18	185코	없음	단마다 양끝 2코 줄임
8	177코	없음		17	187코	7코 늘림	
7	179코	7코 늘림		16	182코		
6	174코	없음		15	184코	없음	
5	176코	16코 늘림		14	186코		
4	162코	없음	없음	13	188코	7코 늘림	
3	162코	18코 늘림		12	183코	없음	
2	144코	없음		11	185코	7코 늘림	
1	144코	18코 늘림		10	180코	없음	

(브림)

J 버킷 해트

실	DARUMA GIMA (1타래 약 30g) 베이지컬러(1)…82g 블랙컬러(7)…24g
바늘	코바늘 7/0호·돗바늘
게이지	짧은뜨기 15코×19단＝가로 10cm×세로 10cm
사이즈	머리둘레 52cm 높이 17cm

뜨는방법

1 〈톱〉매직링으로 기초코를 만들고 짧은뜨기를 6코 떠 넣는다. 코를 늘려 가며 12단까지 짧은뜨기를 뜬다.

2 〈사이드〉톱에 이어서 뜬다. 1단과 3단은 코를 늘려가며 뜨고, 4단~11단은 콧수 증감 없이 짧은뜨기를 뜬다. 도중에 지정된 단에서 실 컬러를 바꿔 줄무늬를 만든다.

3 〈브림〉사이드에 이어서 뜬다. 지정된 단에서 코를 늘려 가며 21단까지 짧은뜨기를 뜬다. 도중에 지정된 단에서 실 컬러를 바꿔 줄무늬를 만든다.

4 마지막 단에 이어서 빼뜨기를 한 바퀴 뜨고, 마지막은 앞단 첫 코에 사슬 연결하기로 마무리한다.

콧수와 증감

	단	콧수	증감
브림	20~21	132코	증감 없음
	19	132코	단마다 6코 늘림
	18	126코	
	17	120코	증감 없음
	16	120코	단마다 6코 늘림
	15	114코	
	14	108코	증감 없음
	13	108코	6코 늘림
	12	102코	6코 늘림
	11	96코	증감 없음
	10	96코	단마다 6코 늘림
	9	90코	
	7~8	84코	증감 없음
	5~6	84코	증감 없음
	3~4	84코	증감 없음
	2	84코	증감 없음
	1	84코	6코 늘림
사이드	10~11	78코	증감 없음
	4~9	78코	증감 없음
	3	78코	6코 늘림
	2	72코	증감 없음
	1	72코	6코 늘림
톱	12	66코	증감 없음
	11	66코	단마다 6코 늘림
	10	60코	
	9	54코	
	8	48코	
	7	42코	
	6	36코	
	5	30코	
	4	24코	
	3	18코	
	2	12코	
	1	6코	6코 떠 넣기

블랙 컬러 실로 뜨기

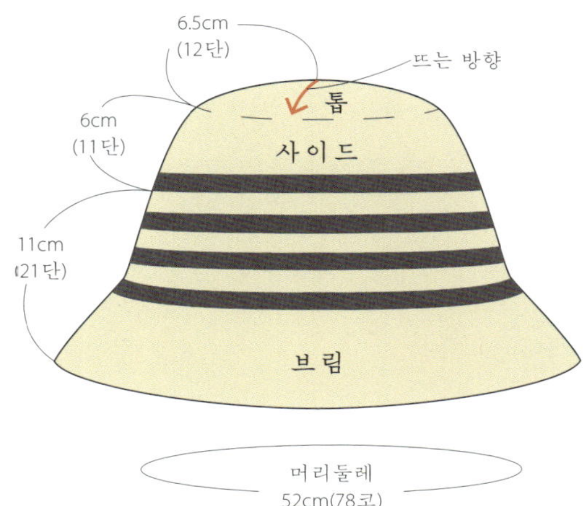

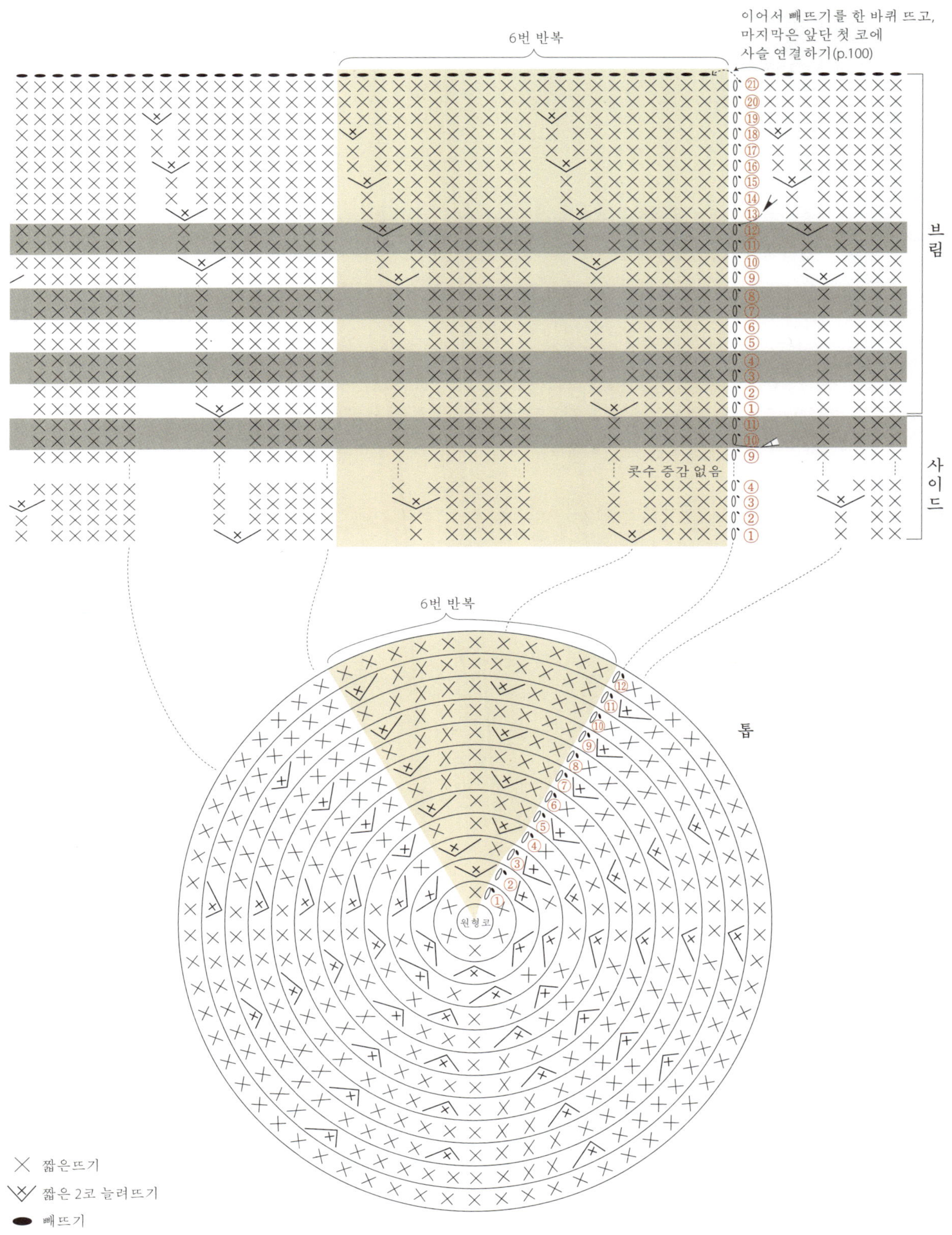

6번 반복
이어서 빼뜨기를 한 바퀴 뜨고,
마지막은 앞단 첫 코에
사슬 연결하기(p.100)
브림
사이드
콧수 증감 없음
6번 반복
원형코
톱
짧은뜨기
짧은 2코 늘려뜨기
빼뜨기
실 연결하기

K 비침무늬의 넓은 챙 모자

실	DARUMA SASAWASHI (1타래 약 25g) 다크올리브컬러 (6)…147g
바늘	코바늘 6/0호·돗바늘
게이지	짧은뜨기 17.5코×18.5단＝가로 10cm×세로10cm
사이즈	머리둘레 52cm 높이 8.5cm

뜨는방법

1 〈톱〉매직링으로 기초코를 만들고 짧은뜨기를 7코 떠 넣는다. 매단마다 7코씩 늘리며 13단까지 짧은뜨기를 뜬다.

2 〈사이드〉톱에 이어서 콧수 증감 없이 짧은뜨기를 16단 뜬다.

3 〈브림〉사이드에 이어서 뜬다. 3단까지 매단마다 7코씩 늘리며 짧은뜨기를 뜬다. 4단~21단은 홀수단에서 7코씩 늘려 가며 뜬다. 22~24단은 콧수 증감 없이 뜬다.

4 사슬뜨기로 고리 4개, 줄 1개를 뜬다. 고리 다는 위치에 고리를 달고 줄을 두 바퀴 통과시킨 다음 모자 뒤쪽에서 리본을 묶는다.

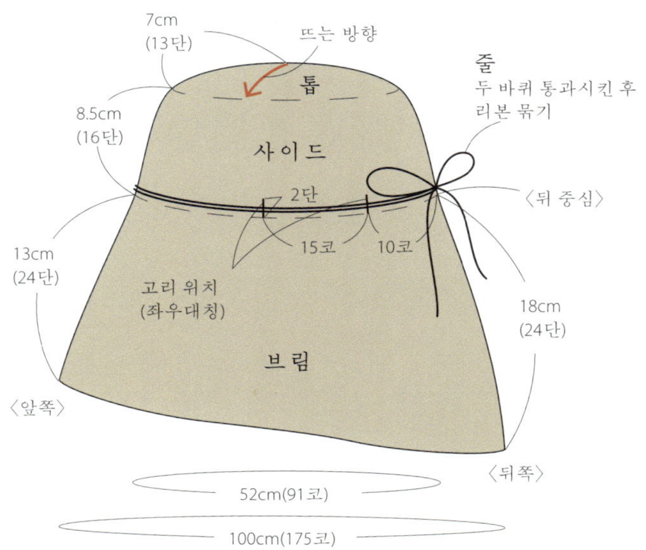

줄 1개

고리 4개

콧수와 증감

	단	콧수	증감
	24	175코	
	23	175코	증감 없음
	22	175코	
	21	175코	7코 늘림
	20	168코	증감 없음
	19	168코	7코 늘림
	18	161코	증감 없음
	17	161코	7코 늘림
	16	154코	증감 없음
	15	154코	7코 늘림
	14	147코	증감 없음
	13	147코	7코 늘림
브림	12	140코	증감 없음
	11	140코	7코 늘림
	10	133코	증감 없음
	9	133코	7코 늘림
	8	126코	증감 없음
	7	126코	7코 늘림
	6	119코	증감 없음
	5	119코	7코 늘림
	4	112코	증감 없음
	3	112코	
	2	105코	단마다 7코 늘림
	1	98코	

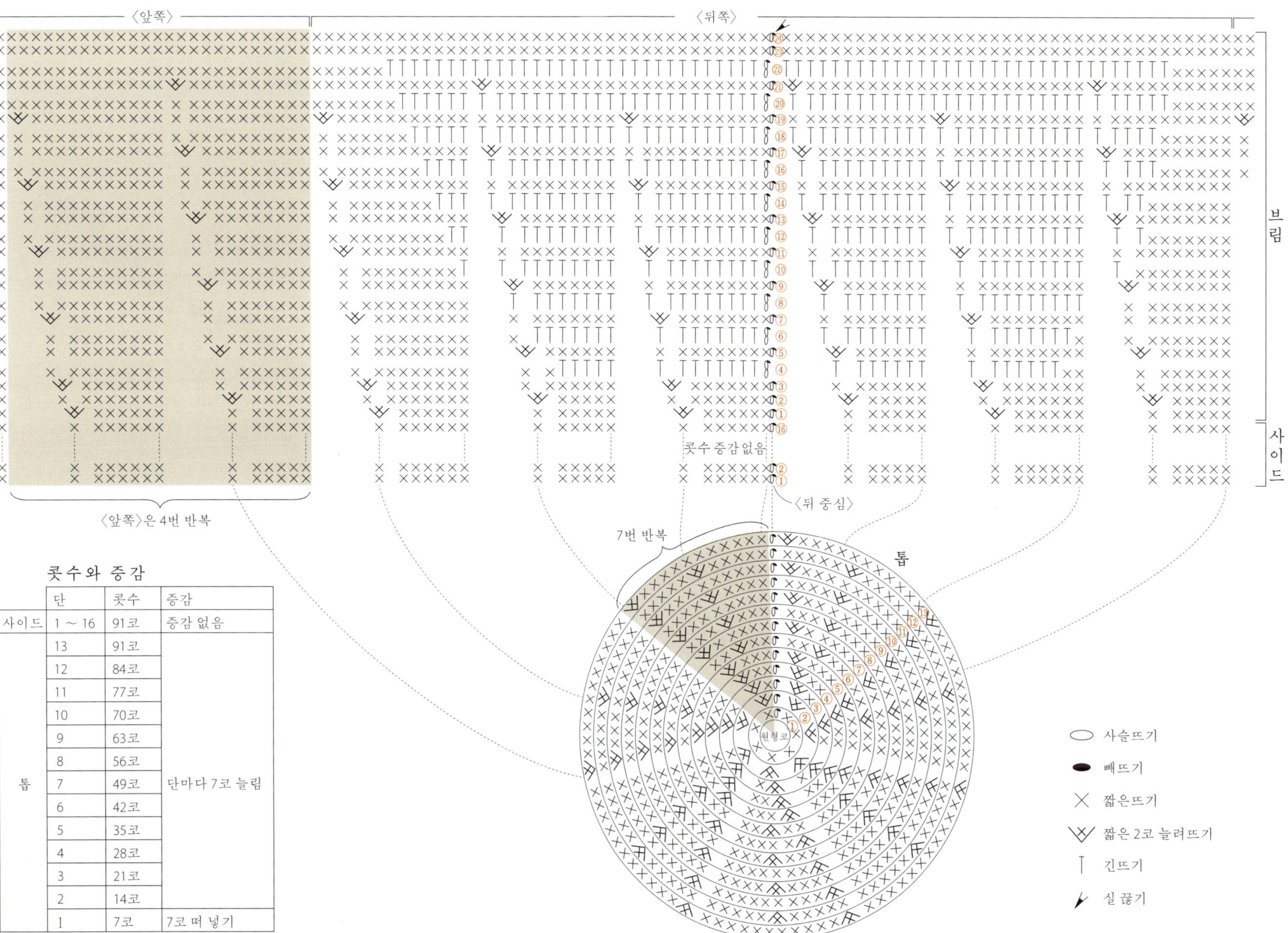

콧수와 증감

단		콧수	증감
사이드	1 ~ 16	91코	증감 없음
톱	13	91코	
	12	84코	
	11	77코	
	10	70코	
	9	63코	
	8	56코	
	7	49코	단마다 7코 늘림
	6	42코	
	5	35코	
	4	28코	
	3	21코	
	2	14코	
	1	7코	7코 떠 넣기

L 선바이저

실	하마나카 에코안다리아
	(1타래 약 40g)
	베이지컬러(23)…84g
	블랙컬러(30)…13g
기타	시판 원형 머리 끈(지름 5cm·블랙컬러)…1개
바늘	코바늘 6/0호·돗바늘
게이지	짧은뜨기 20코×16단=가로 10cm×세로10cm
사이즈	머리둘레 57cm 높이 4cm

뜨는방법

1 〈벨트〉23번 실을 사용해 사슬뜨기로 기초코를 111코 뜬다. 1
단은 사슬 코산을 주워 짧은뜨기를 콧수 증감 없이 뜬다. 30번
실로 바꿔 콧수 증감 없이 4단 뜬다. 23번 실로 바꿔 짧은뜨기
를 콧수 증감 없이 1단 뜬다.

2 〈브림〉23번 실을 사용해 사슬뜨기로 기초코를 11코 뜬다.1단
은 사슬 코산을 주워 코를 늘려 가며 왕복뜨기로 짧은뜨기를 15
단 뜬다. 16단은 30번 실로 바꿔 뜨며, 뜨개질 시작과 끝에서
코를 늘려 가며 짧은뜨기를 1단 뜬다.

3 브림과 벨트의 중심을 맞춰 겉끼리 맞댄다. 단코 표시링 등을
사용해 임시 고정하고 23번 실로 감침질한다.

4 벨트 끝에 원형 머리끈을 통과시킨 다음 안쪽으로 접고, 끝에
서 9번째 코에 각각 감침질한다.

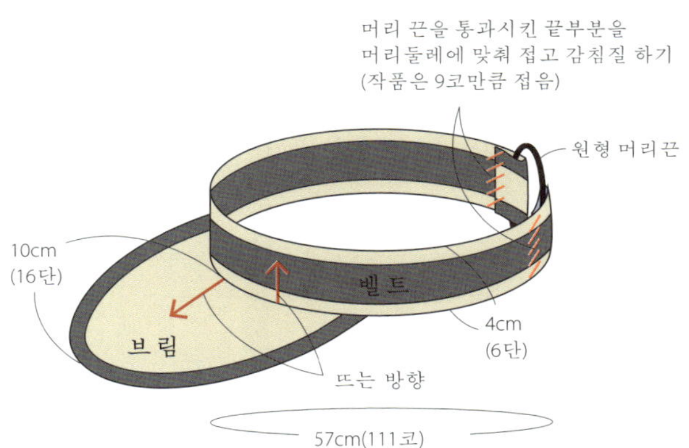

벨트와 브림 고정하는 방법

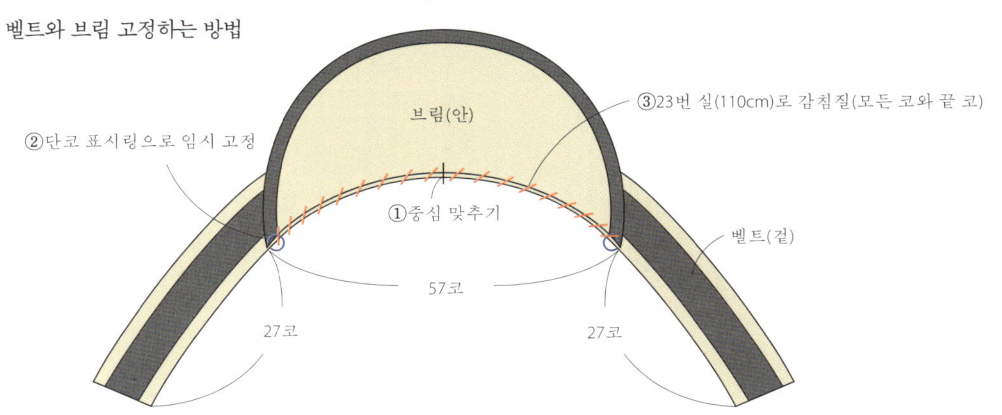

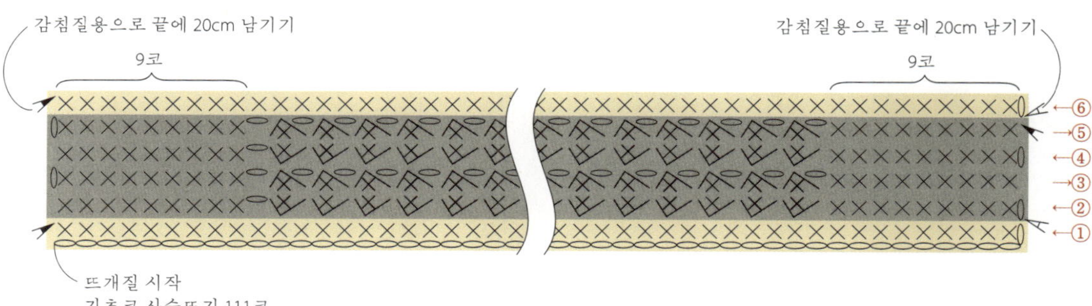

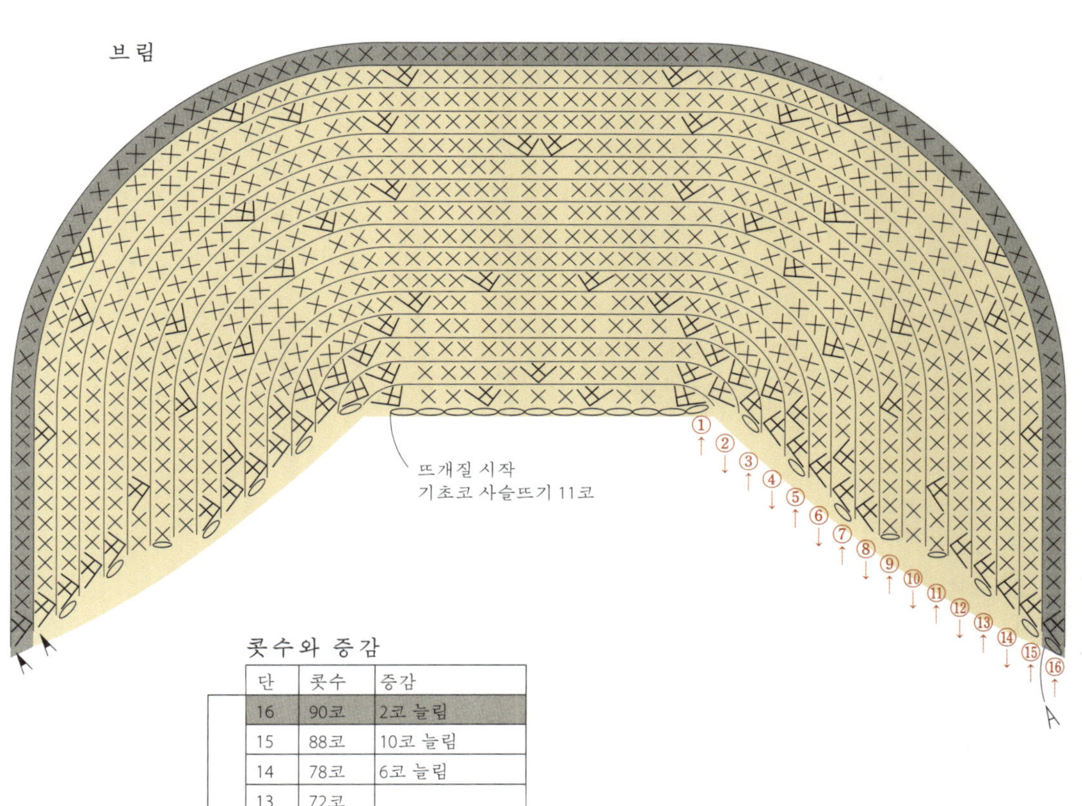

콧수와 증감

단	콧수	증감
16	90코	2코 늘림
15	88코	10코 늘림
14	78코	6코 늘림
13	72코	
12	68코	
11	64코	단마다 4코 늘림
10	60코	
9	56코	
8	52코	
7	48코	6코 늘림
6	42코	4코 늘림
5	38코	
4	32코	단마다 6코 늘림
3	26코	
2	20코	5코 늘림
1	15코	4코 늘림

(브림)

※기초코 사슬뜨기 11코
※왕복뜨기로 뜨기

⬛ 블랙 컬러 실로 뜨기

사슬뜨기

짧은뜨기

짧은 2코 늘려뜨기

짧은 2코 모아뜨기

실 연결하기

실 끊기

M 레이시 해트

실	하마나카 워시 코튼
	(1타래 약 40g)
	베이지컬러 (23)…94g
기타	하마나카 테크노로트(H204-593)…325cm
	하마나카 열수축 튜브(H204-605)…1.5cm×2개
바늘	코바늘 4/0호·돗바늘
게이지	짧은뜨기 21.5코×26.5단=가로 10cm×세로10cm
	두길긴뜨기 24코×6단=가로 10cm×세로 10cm
사이즈	머리둘레 56cm 높이 16cm

뜨는방법

1. 〈톱~사이드〉매직링으로 기초코를 만들고 짧은뜨기를 6코 떠 넣는다. 2단, 3단, 5단, 7단은 코를 늘려 가며 뜨고, 8~21단은 콧수 증감 없이 뜬다.

2. 〈브림〉사이드에 이어서 뜬다. 홀수단은 코를 늘려 가며 뜨고, 짝수단은 콧수 증감 없이 짧은뜨기를 11단까지 뜬다.

3. 열수축 튜브를 테크노로트에 끼운다. 테크노로트 끝을 약 2cm 접고 가볍게 꼬아 코바늘이 통과할 만한 크기의 고리를 만든다. 꼰 부분에 열수축 튜브를 씌우고 헤어드라이어 열로 수축시켜 고정한다.

4. 브림 12~14단은 기둥코 사슬 없이 테크노로트를 감싸며 짧은뜨기를 뜬다.

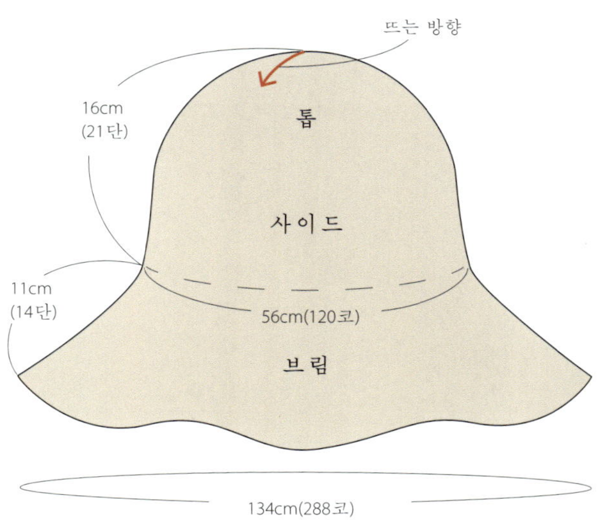

테크노로트 끝처리 뜨는 방법

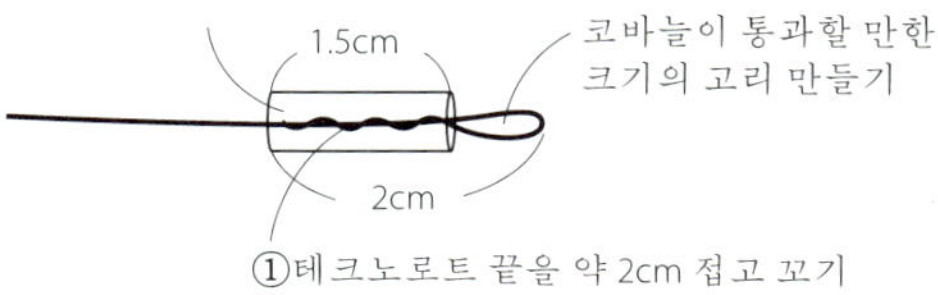

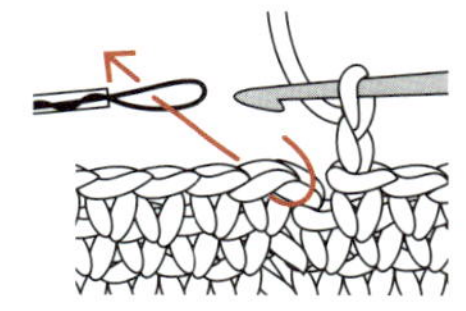

뜨개질 시작은 실과 테크노로트 고리를 함께 주워 뜨고,
그 이후는 테크노로트를 감싸면서 뜨기
(뜨개질 끝도 마지막 코와 테크노로트 고리를 함께 줍는다)

※ 브림 12~14단은 테크노로트를 감싸면서 뜬다

사슬뜨기

빼뜨기

짧은뜨기

짧은 2코 늘려뜨기

두길 긴뜨기

두길 긴 2코 늘려뜨기

실 끊기

※ 사슬 윗단의 짧은뜨기는
사슬 다발을 주워 뜬다

콧수와 증감

	단	콧수	증감	
	12 ~ 14	288코	증감 없음	테크노로트를 감싸며 뜬다
브림	11	288코	24코 늘림	
	10	264코	증감 없음	
	9	264코	48코 늘림	
	8	216코	증감 없음	
	7	216코	12코 늘림	
	6	204코	증감 없음	
	5	204코	36코 늘림	
	4	168코	증감 없음	
	3	168코	24코 늘림	
	2	144코	증감 없음	
	1	144코	24코 늘림	
톱~사이드	8 ~ 21	120코	증감 없음	
	7	120코	36코 늘림	
	6	84코	증감 없음	
	5	84코	42코 늘림	
	4	42코	증감 없음	
	3	42코	30코 늘림	
	2	12코	6코 늘림	
	1	6코	6코 떠 넣기	

N 클로슈 해트

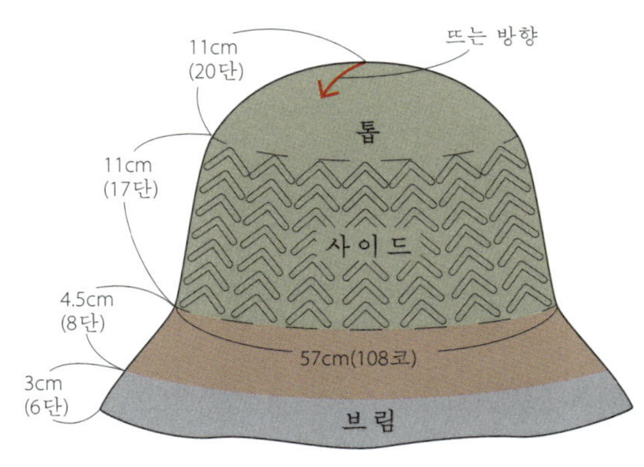

실	DARUMA 리넨 라미 코튼 병태사
	(1타래 약 50g)
	올리브컬러 (4)…83g
	DARUMA SASAWASHI(1타래 약 25g)
	다크올리브컬러 (6)…25g
	차콜컬러 (17)…21g
기타	하마나카 테크노로트 (H204-593)…170cm
	하마나카 열수축 튜브 (H204-605)…2.5cm×2개
바늘	코바늘 7/0흐·돗바늘
게이지	짧은뜨기 19코×18단 = 가로 10cm×세로 10cm
	무늬뜨기 6코×2단 = 가로 3.2cm×세로 1.5cm
사이즈	머리둘레 57cm 높이 11cm

뜨는방법

1 〈톱〉리넨 라미 코튼 병태사를 사용해 매직링으로 기초코를 만들고, 한길긴뜨기 + 사슬뜨기를 8번 떠 넣는다. 지정된 단에서 코를 늘려 가며 20단 뜬다.

2 〈사이드〉톱에 이어서 뜬다. 1단은 톱 마지막 단의 짧은뜨기 머리 바깥쪽 반코를 주워 콧수 증감 없이 무늬뜨기를 왕복뜨기로 17단 뜬다.

3 〈브림〉실을 다크올리브 컬러로 바꾸고 1단은 코를 줄여 가며 뜨고, 3~8단은 코를 늘리며 짧은뜨기를 뜬다. 9단에서 실을 차콜컬러로 바꾸고, 코를 늘려 가며 짧은뜨기를 12단까지 뜬다.

4 테크노로트 끝처리를 한다(p.82 참고). 13~14단은 기둥코 사슬 없이 테크노로트를 감싸며 짧은뜨기를 뜬다.

콧 수 와 증 감

단	콧수	증감	
	14	136코	증감 없음	테크노로트를 감싸며 뜬다
	13	136코	4코 늘림	
	12	132코		
	11	128코		
	10	124코		
	9	120코		
	8	116코	단마다 4코 늘림	
브림	7	112코		
	6	108코		
	5	104코		
	4	100코		
	3	96코		
	2	92코	증감 없음	
	1	92코	16코 줄임	
사이드	1 ~ 17	108코	무늬뜨기, 증감 없음	
	20	108코	4코 늘림	
	19	104코	증감 없음	
	18	104코	8코 늘림	
	17	96코	8코 늘림	
	13 ~ 16	88코	증감 없음	
	12	88코	8코 늘림	
	11	80코	8코 늘림	
	10	72코	증감 없음	
톱	9	72코	8코 늘림	
	8	64코	8코 늘림	
	7	56코	증감 없음	
	6	56코	8코 늘림	
	5	48코	8코 늘림	
	4	40코	증감 없음	
	3	40코	8코 늘림	
	2	32코	16코 늘림	
	1	16코		

※ 사이드의 무늬뜨기는 왕복뜨기로 뜬다

앞쪽 반코를 줍는다
4번 반복
※브림 13~14단은 테크노로트를 감싸며 뜨기(p.82)
브림
1/18무늬
콧수 증감 없음
※5~16단은 3·4단과 같은 방법으로 뜨기
사이드
사슬뜨기
빼뜨기
짧은뜨기
짧은 2코 늘려뜨기
짧은 2코 모아뜨기
바깥쪽 반코를 줍는다
한길긴뜨기
긴 2코 구슬뜨기
한길긴뜨기와 한길긴 앞걸어뜨기 2코 모아뜨기
실 연결하기
실 끊기
4번 반복
8번 반복
톱
원형코
※톱 4, 7, 10, 13, 16, 19단은 짧은뜨기 1코 + 사슬뜨기 1코를 콧수 증감 없이 반복해서 뜨기

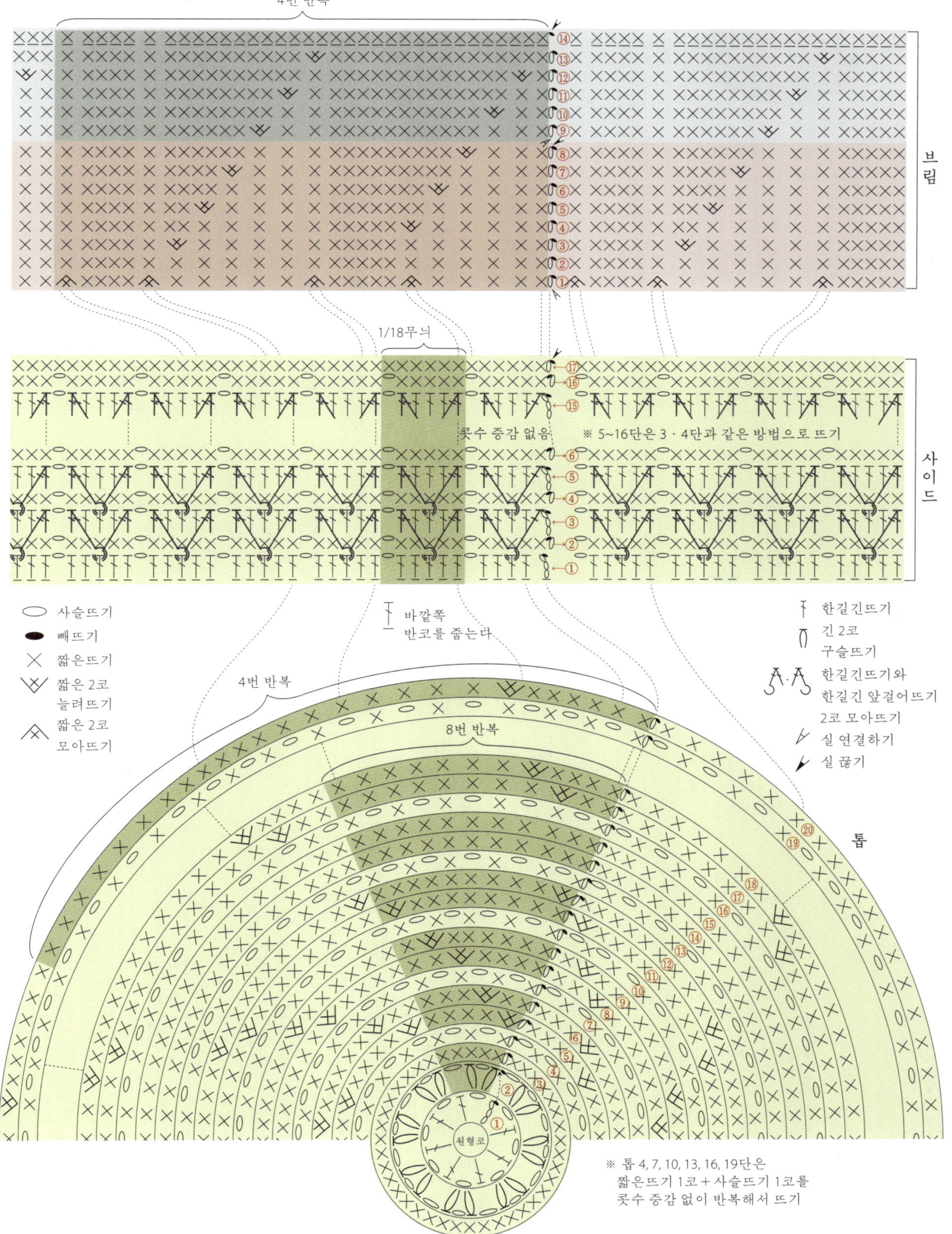

85

O 비침무늬 카스케트

실	DARUMA SASAWASHI (1타래 약 25g) 라이트브라운컬러 (2)…98g
바늘	코바늘 6/0호·돗바늘
게이지	짧은뜨기 18코×20단 = 가로 10cm× 세로10cm 무늬뜨기 18코×2단 = 가로 10m× 세로 2cm
사이즈	머리둘레 53.5cm 높이 13cm

뜨는방법

1 〈톱〉매직링으로 기초코를 만들고 짧은뜨기를 8코 떠 넣는다. 코를 늘려 가며 짧은뜨기로 16단까지 뜬다.

2 〈사이드〉톱에 이어서 뜬다. 코를 늘리거나 줄여 가며 무늬뜨기로 12단까지 뜬다. 13~15단은 코를 줄여 가며 뜨고, 16단은 콧수 증감 없이 뜬다.

3 〈브림〉지정된 위치에 실을 연결하고 왕복뜨기로 뜬다. 1단은 사이드 마지막 단에 빼뜨기를 49코 뜬다. 2단은 사이드 마지막 단의 코를 주워, 코를 늘리거나 줄여 가며 짧은뜨기로 11단까지 뜬다.

4 사이드 마지막 단의 뒤 중심에서 테두리뜨기를 뜬다. 1단은 사이드와 브림에서 116코를 주워 짧은뜨기를 뜨고, 2단은 빼뜨기를 뜬다.

콧 수 와 증 감

	단	콧수	증감
사 이 드	16	96코	증감 없음
	15	96코	8코 줄임
	14	104코	4코 줄임
	13	108코	4코 줄임
	12	112코	증감 없음
	11	112코	8코 줄임
	10	120코	증감 없음
	9	120코	8코 줄임
	6 ~ 8	128코	증감 없음
	5	128코	8코 늘림
	4	120코	증감 없음
	3	120코	8코 늘림
	2	112코	증감 없음
	1	112코	8코 늘림
톱	16	104코	단마다 8코 늘림
	15	96코	
	14	88코	
	13	80코	
	12	72코	증감 없음
	11	72코	단마다 8코 늘림
	10	64코	
	9	56코	
	8	48코	증감 없음
	7	48코	단마다 8코 늘림
	6	40코	
	5	32코	
	4	24코	증감 없음
	3	24코	단마다 8코 늘림
	2	16코	
	1	8코	8코 떠 넣기

※ 사이드 1~12단은 무늬뜨기

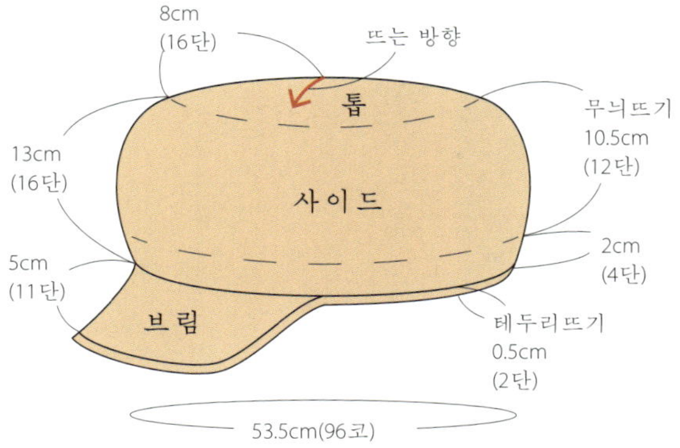

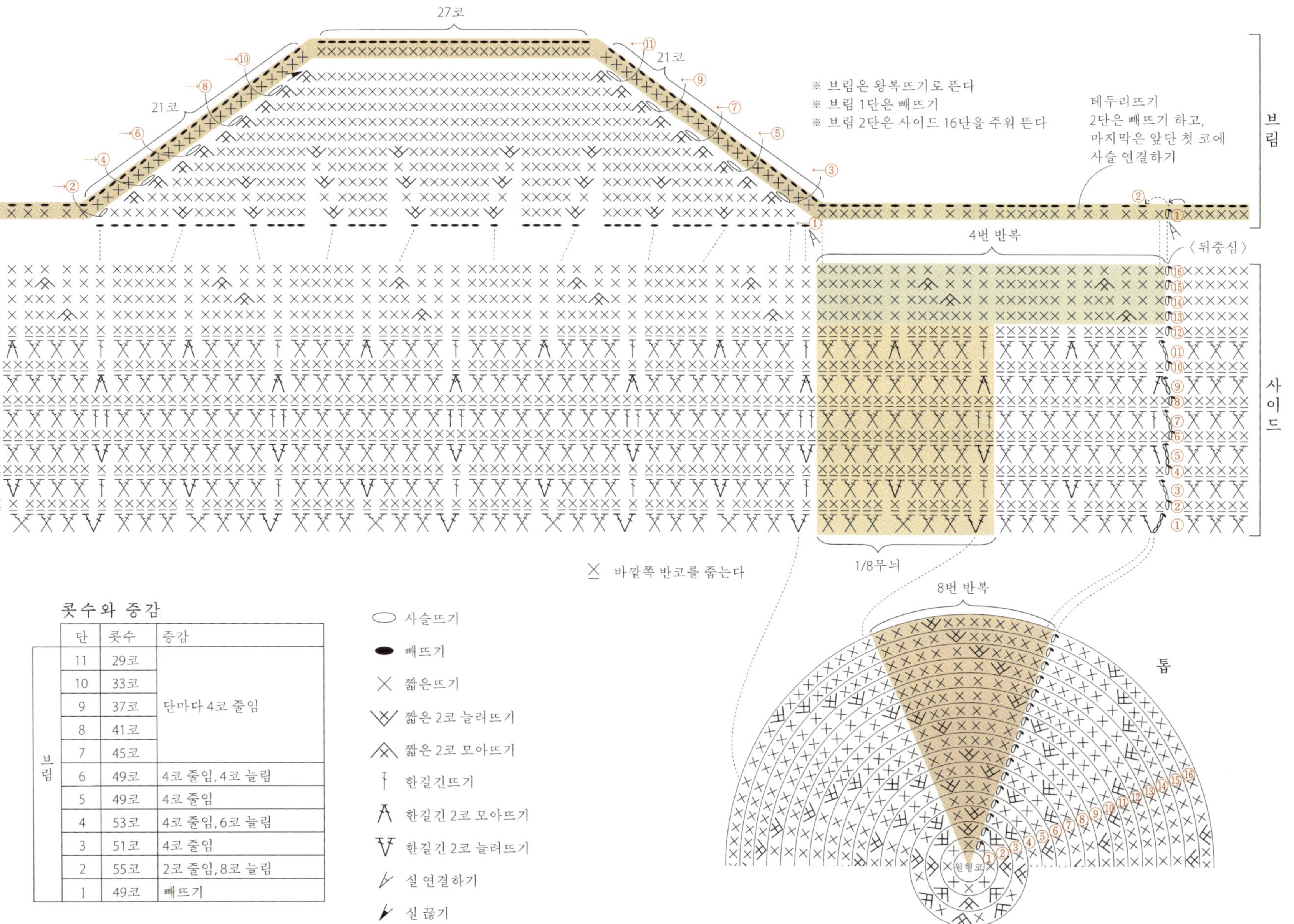

콧수와 증감

단	콧수	증감
11	29코	
10	33코	
9	37코	단마다 4코 줄임
8	41코	
7	45코	
6	49코	4코 줄임, 4코 늘림
5	49코	4코 줄임
4	53코	4코 줄임, 6코 늘림
3	51코	4코 줄임
2	55코	2코 줄임, 8코 늘림
1	49코	빼뜨기

(브림)

P 덩굴무늬 바구니 가방

실	DARUMA SASAWASHI (1타래 약 25g) 브라운컬러 (9)…135g
바늘	코바늘 7/0호·돗바늘
게이지	짧은뜨기 17코×18단＝가로 10cm×세로10cm 무늬뜨기 12코×1단＝가로 7m×세로 1.5cm
사이즈	머리둘레 18.3cm 높이 17cm

뜨는방법

1 〈바닥〉매직링으로 기초코를 만들고 짧은뜨기를 8코 떠 넣는다. 코를 늘려 가며 15단까지 짧은뜨기를 뜬다.

2 〈옆면〉바닥에 이어서 뜬다. 3단과 6단은 코를 늘려 가며 뜨고, 7~8단은 콧수 증감 없이 짧은뜨기를 뜬다. 9~15단은 콧수 증감 없이 무늬뜨기를 하고, 16~22단은 콧수 증감 없이 짧은뜨기를 뜬다. 이어서 빼뜨기를 한 바퀴 뜨고, 마지막은 앞단 첫 코에 사슬 연결하기로 마무리한다.

3 〈손잡이〉사슬뜨기로 기초코를 62코 뜬다. 짧은뜨기를 130코 둥글게 뜨고, 코를 늘려 가며 3단까지 짧은뜨기를 뜬다. 같은 방법으로 손잡이를 하나 더 만든다.

4 손잡이를 가방 바깥쪽 지정된 위치에 단다.

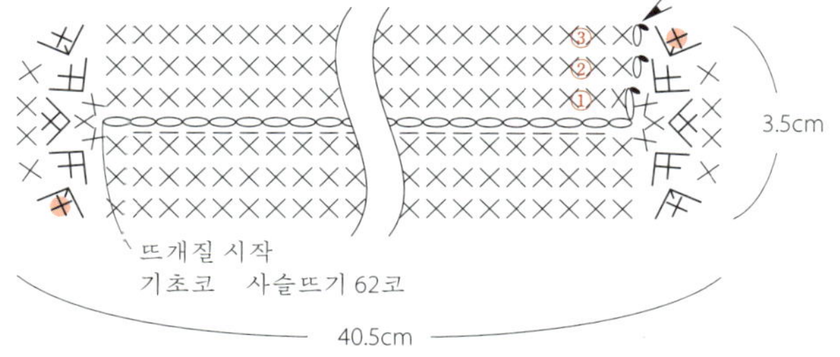

콧수와 증감

	단	콧수	증감
손잡이	3	144코	양끝 4코씩 늘림
	2	136코	양끝 3코씩 늘림
	1	130코	양끝 3코씩 늘림

※ 기초코 사슬뜨기 62코

콧수와 증감

	단	콧수	증감
옆면	16 ~ 22	104코	증감 없음
	9 ~ 15	104코	무늬뜨기, 증감 없음
	7 · 8	104코	증감 없음
	6	104코	4코 늘림
	4 · 5	100코	증감 없음
	3	100코	4코 늘림
	1 · 2	96코	증감 없음
바닥	15	96코	단마다 6코 늘림
	14	90코	
	13	84코	
	12	78코	
	11	72코	
	10	66코	
	9	60코	
	8	54코	
	7	48코	
	6	42코	
	5	36코	
	4	30코	
	3	24코	단마다 8코 늘림
	2	16코	
	1	8코	8코 떠 넣기

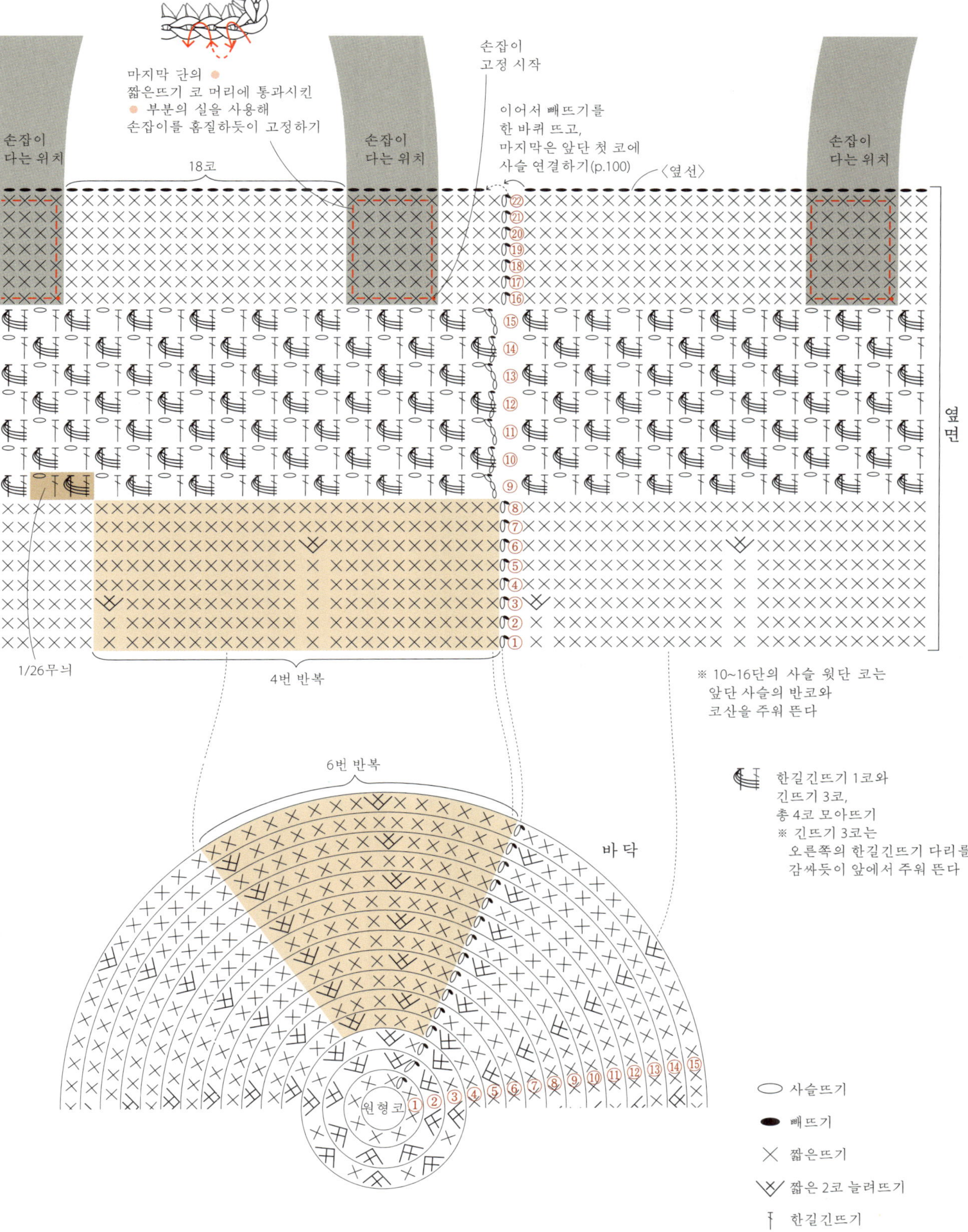

마지막 단의
짧은뜨기 코 머리에 통과시킨
● 부분의 실을 사용해
손잡이를 홈질하듯이 고정하기
손잡이
고정 시작
이어서 빼뜨기를
한 바퀴 뜨고,
마지막은 앞단 첫 코에
사슬 연결하기(p.100)
손잡이
다는 위치
손잡이
다는 위치
손잡이
다는 위치
18코
〈옆선〉
옆면
1/26무늬
4번 반복
※ 10~16단의 사슬 윗단 코는
앞단 사슬의 반코와
코산을 주워 뜬다
6번 반복
바닥
원형코
※ 한길긴뜨기 1코와
긴뜨기 3코,
총 4코 모아뜨기
※ 긴뜨기 3코는
오른쪽의 한길긴뜨기 다리를
감싸듯이 앞에서 주워 뜬다
사슬뜨기
빼뜨기
짧은뜨기
짧은 2코 늘려뜨기
한길긴뜨기
실 끊기

Q 덩굴무늬 미니 숄더백

실	DARUMA SASAWASHI
	(1타래 약 25g)
	오렌지컬러 (1ɔ)…44g
기타	단추(지름 1.5cm)…1개
바늘	코바늘 7/0호·돗바늘
게이지	짧은뜨기 17크×18단=가로 10cm×세로10cm
	무늬뜨기 12코×1단=가로 7m×세로 1.5cm
사이즈	머리둘레 15.5cm 높이 11.5cm

뜨는방법

1 〈옆면〉실을 35cm 남기고, 사슬뜨기로 기초코를 38코 떠 원형으로 만든다. 1단은 코를 늘려 가며 뜨고, 2~7단은 콧수 증감 없이 짧은 뜨기를 뜬다. 8~14단은 콧수 증감 없이 무늬뜨기를 뜨고, 15~16단은 콧수 증감 없이 짧은뜨기를 뜬다. 계속해서 콧수 증감 없이 짧은뜨기를 1단 뜨고 도중에 단춧고리를 만든다.

2 〈어깨끈〉옆면에 이어서 어깨끈을 왕복뜨기로 66단 뜨고, 실 끝을 30cm 남기고 자른다.

3 기초코 19코를 안끼리 맞대어 접고, 반코 감치기로 바닥을 연결한다.

4 어깨끈을 지정된 의치에 고정하고 같은 실로 단추를 바느질해 단다.

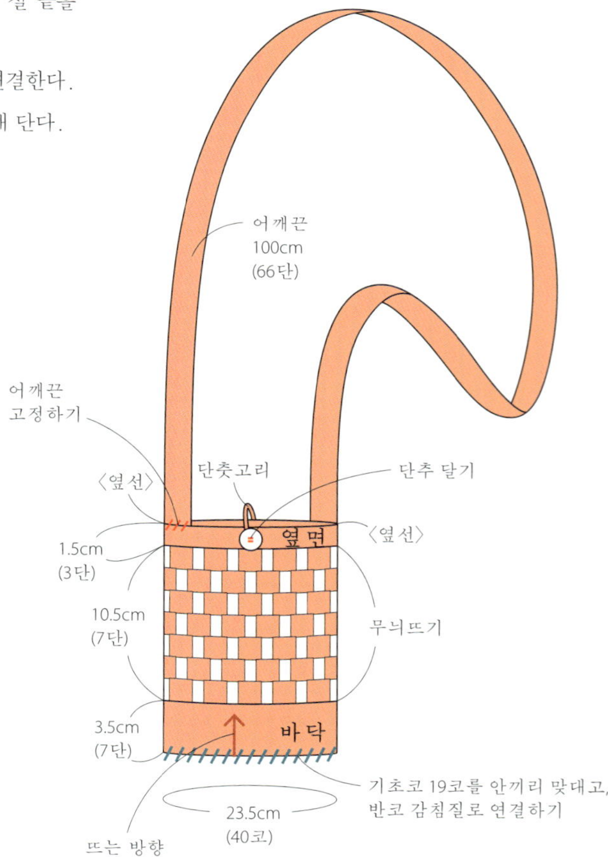

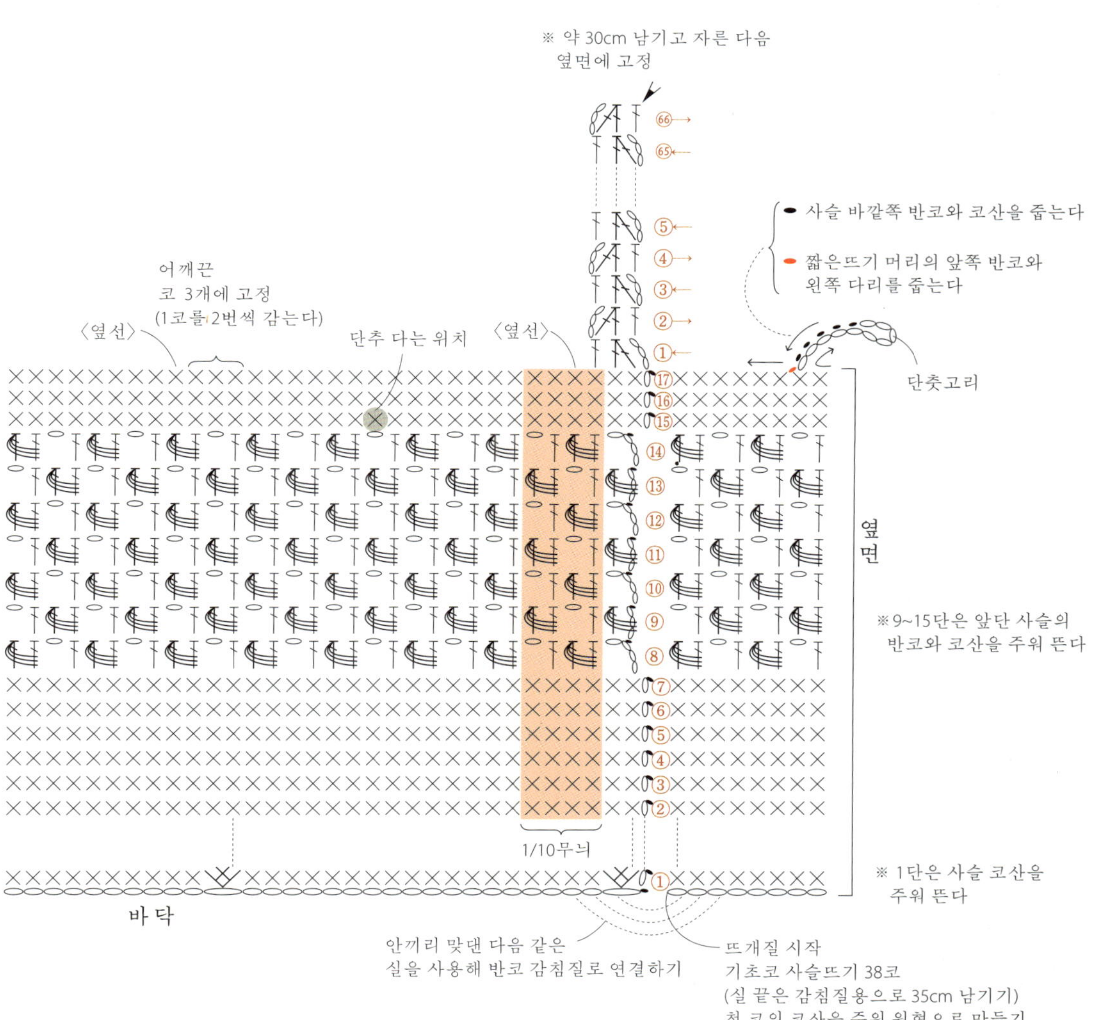

○ 사슬뜨기

● 빼뜨기

✕ 짧은뜨기

Ⓦ 짧은 2코 늘려뜨기

├ 한길 긴뜨기

Ⓐ 한길긴 2코 모아뜨기

한길 긴뜨기 1코와 긴뜨기 3코,
총 4코 모아뜨기
※ 긴뜨기 3코는 오른쪽의 한길 긴뜨기 다리를
감싸듯이 앞에서 주워 뜬다

✔ 실 끊기

콧 수 와 증 감

	단	콧수	증감	
옆면	17	40코	증감 없음	단춧고리 뜨기
	15 · 16	40코	증감 없음	
	8 ~ 14	40코	무늬뜨기, 증감 없음	
	2 ~ 7	40코	증감 없음	
	1	40코	2코 늘림	

※ 기초코 사슬뜨기 38코
원형으로 만들어 뜬다

R 나선형 손잡이 바구니 가방

실	메르헨아트 마닐라 헴프 얀
	(1타래 20g)
	스트로컬러 (507)…117g
바늘	코바늘 6/0호·코바늘 7/0호·돗바늘
게이지	짧은뜨기 18코×20단 = 가로 10cm×세로 10cm
	무늬뜨기 17코×3단 = 가로 10cm×세로 1.5cm
사이즈	17.5×20×10cm

뜨는방법

1 〈바닥〉6/0호 바늘을 사용해 사슬뜨기로 기초코를 18코 뜨고, 짧은뜨기를 38코 둥글게 뜬다. 코를 늘려 가며 10단까지 짧은뜨기를 뜬다.

2 〈옆면〉바닥에 이어서 뜬다. 7단, 16단, 25단은 코를 늘려 가며 27단까지 무늬뜨기를 뜬다. 28~35단은 콧수 증감 없이 짧은뜨기를 뜬다. 이어서 빼뜨기를 한 바퀴 뜨고, 마지막은 앞단 첫 코에 사슬 연결하기로 마무리한다.

3 〈손잡이〉7/0호 바늘을 사용해 사슬뜨기로 기초코를 9코 떠서 28cm 나선형 손잡이를 2개 만든 다음 가방 안쪽에 단다(p.55 참고).

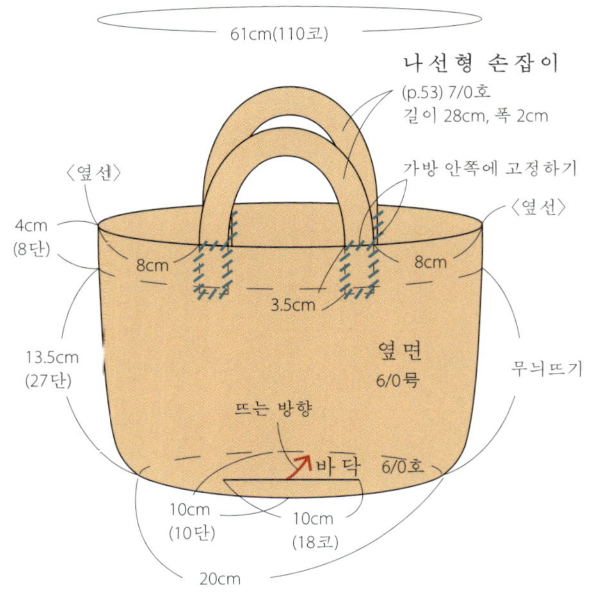

콧수와 증감

		콧수	증감	
옆면	28 ~ 35	110코	증감 없음	무늬뜨기
	26 · 27	110코	증감 없음	
	25	110코	양 옆선 3코씩 늘림	
	17 ~ 24	104코	증감 없음	
	16	104코	양 옆선 3코씩 늘림	
	8 ~ 15	98코	증감 없음	
	7	98코	양 옆선 3코씩 늘림	
	1 ~ 6	92코	증감 없음	
바닥	10	92코		
	9	86코		
	8	80코		
	7	74코	단마다 양 옆선 3코씩 늘림	
	6	68코		
	5	62코		
	4	56코		
	3	50코		
	2	44코		
	1	38코	양 옆선 1코씩 늘림	

※ 기초코 사슬뜨기 18코

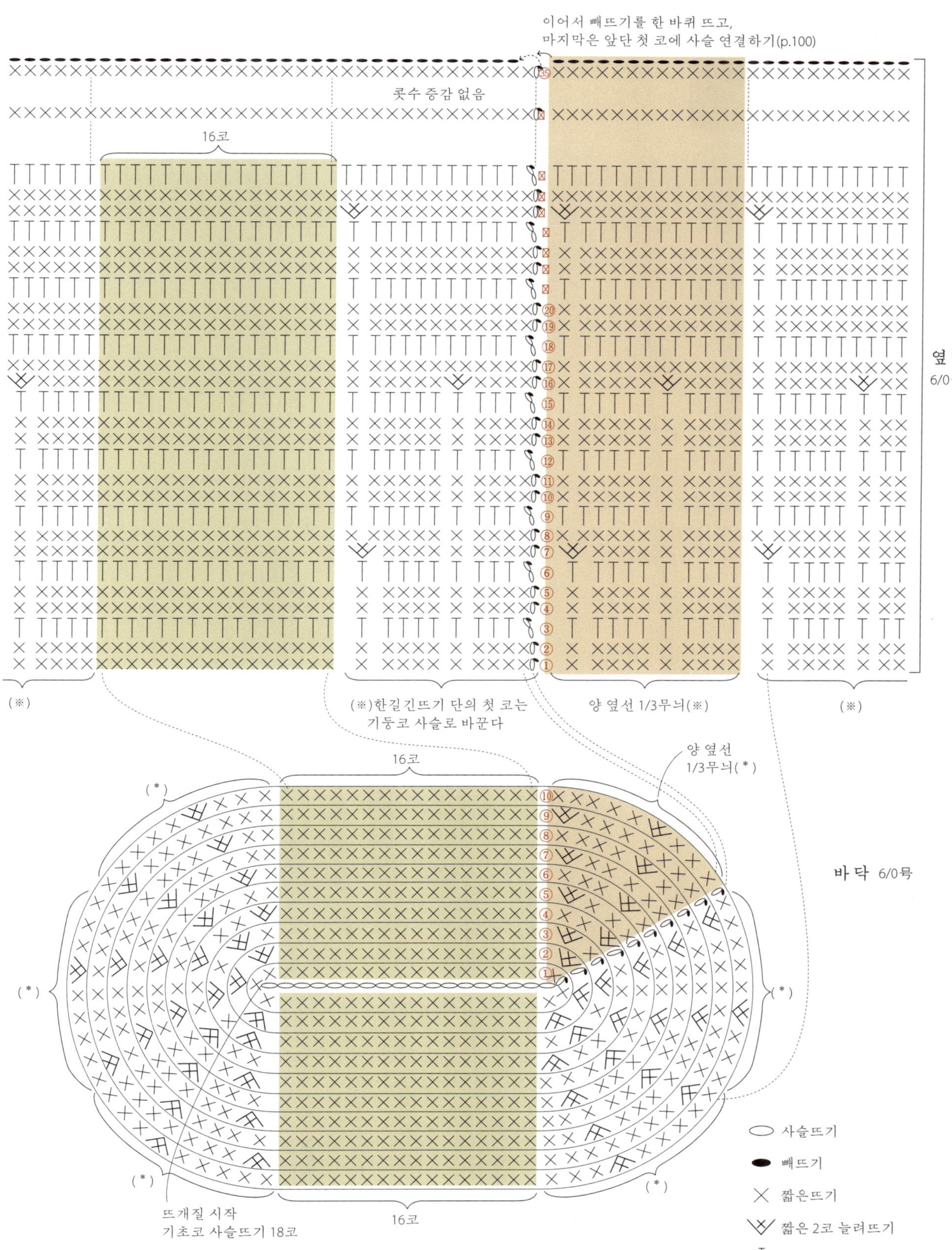

이어서 빼뜨기를 한 바퀴 뜨고,
마지막은 앞단 첫 코에 사슬 연결하기(p.100)
콧수 증감 없음
16코
옆 면
6/0호
(※)한길긴뜨기 단의 첫 코는
기둥코 사슬로 바꾼다
양 옆선 1/3무늬(※)
(※)
(※)
16코
양 옆선
1/3무늬(＊)
바 닥 6/0호
(＊)
(＊)
(＊)
(＊)
(＊)
뜨개질 시작
기초코 사슬뜨기 18코
16코
사슬뜨기
빼뜨기
짧은뜨기
짧은 2코 늘려뜨기
긴뜨기

S/T 끈과 함께 뜨는 가방

〈대〉콧수와 증감

	단	콧수	증감	
옆면	15	105코	15코 줄임	로프 감싸면서 뜨기
	6 ~ 14	120코	증감 없음	
바닥	5	120코	30코 늘림	
	4	90코	15코 늘림	
	3	75코	30코 늘림	
	2	45코	15코 늘림	
	1	30코		

〈소〉콧수와 증감

	단	콧수	증감	
옆면	15	65코	13코 줄임	로프 감싸면서 뜨기
	5 ~ 14	78코	증감 없음	
바닥	4	78코	13코 늘림	
	3	65코	26코 늘림	
	2	39코	13코 늘림	
	1	26코		

실	메르헨아트 마닐라 헴프 얀(1타래 20g) 블랙컬러(510)…60g 메르헨아트 코튼 스페셜 로프 10mm…1타래 약 16m (310g 사용)
바늘	코바늘 7/0호·코바늘 10/0호
게이지	무늬뜨기 가로 3.7cm× 세로 2cm(무늬 1개)
사이즈	지름 18cm×높이 18cm

T〈소〉

실	메르헨아트 마닐라 헴프 얀 화이트컬러(500)…45g 메르헨아트 리넨 로프(약 9mm) …1타래 약 10m (215g 사용)
바늘	코바늘 7/0호·코바늘 10/0호
게이지	무늬뜨기 가로 3.4×세로 1.6cm(무늬 1개)
사이즈	지름14cm×높이16cm

뜨는방법

1 〈바닥〉코바늘 7/0호를 사용해 사슬뜨기로 기초코를 3코 뜨고, 로프 두 즐을 짧은뜨기로 감싸면서 뜬다(p.56 참고). 짧은뜨기 1코, 사슬뜨기 1코를 번갈아 가며 15번(소는 13번) 뜬다. 그다음 기둥코 사슬은 뜨지 않고 코를 늘려 가며 5단(소는 4단)까지 짧은뜨기로 로프를 감싸면서 뜬다.

2 〈옆면〉바닥에 이어서 콧수 증감 없이 14단까지 로프 두 줄을 짧은뜨기로 감싸면서 뜬다. 15단은 로프 없이 코를 줄이며 짧은뜨기를 뜬다.

3 〈손잡이〉실 두 줄을 한 번에 잡고 10/0호 바늘을 사용해 사슬뜨기로 38코(소는 45코)를 총 4개 뜬 다음, 네 갈래 땋기를 해 가방에 단다. 〈대〉는 고리를 단다.

손잡이와 고리 다는 방법

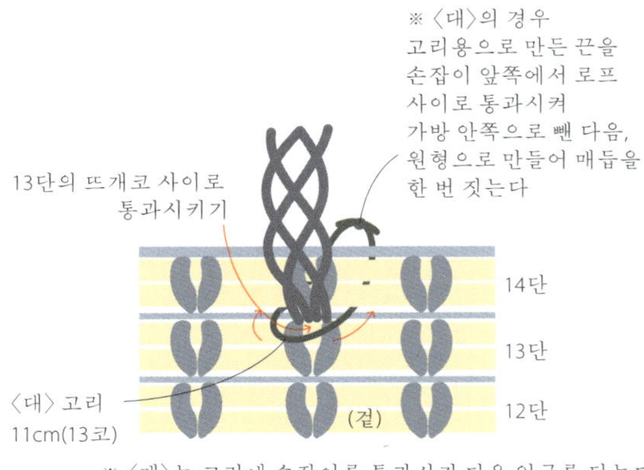

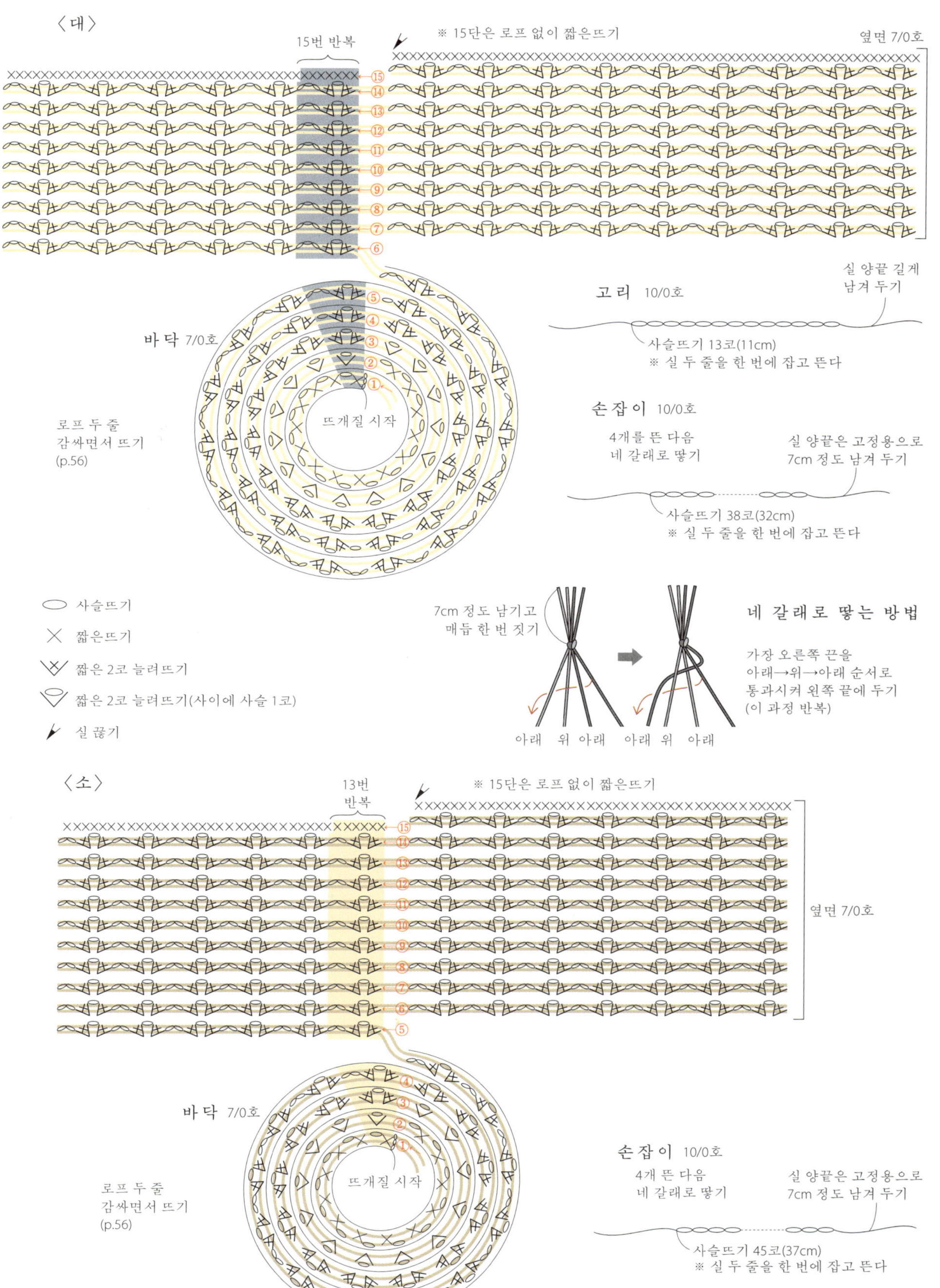
〈대〉
15번 반복
※ 15단은 로프 없이 짧은뜨기
옆면 7/0호
바닥 7/0호
로프 두 줄
감싸면서 뜨기
(p.56)
뜨개질 시작
고리 10/0호
실 양끝 길게
남겨 두기
사슬뜨기 13코(11cm)
※ 실 두 줄을 한 번에 잡고 뜬다
손잡이 10/0호
4개를 뜬 다음
네 갈래로 땋기
실 양끝은 고정용으로
7cm 정도 남겨 두기
사슬뜨기 38코(32cm)
※ 실 두 줄을 한 번에 잡고 뜬다
사슬뜨기
짧은뜨기
짧은 2코 늘려뜨기
짧은 2코 늘려뜨기(사이에 사슬 1코)
실 끊기
7cm 정도 남기고
매듭 한 번 짓기
네 갈래로 땋는 방법
가장 오른쪽 끈을
아래→위→아래 순서로
통과시켜 왼쪽 끝에 두기
(이 과정 반복)
아래 위 아래
아래 위 아래
〈소〉
13번
반복
※ 15단은 로프 없이 짧은뜨기
옆면 7/0호
바닥 7/0호
로프 두 줄
감싸면서 뜨기
(p.56)
뜨개질 시작
손잡이 10/0호
4개 뜬 다음
네 갈래로 땋기
실 양끝은 고정용으로
7cm 정도 남겨 두기
사슬뜨기 45코(37cm)
※ 실 두 줄을 한 번에 잡고 뜬다

코바늘 기본 지식과 뜨개질 방법

바늘과 실 잡는 방법

(오른손)

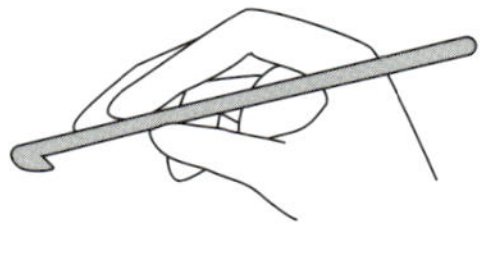

엄지와 검지로 바늘을 잡는다.

(왼손)

약지와 소지 사이에
실을 끼우고,
검지에 실 끝을 건다.

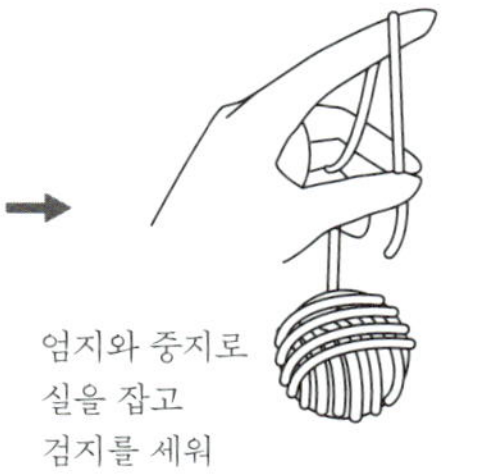

엄지와 중지로
실을 잡고
검지를 세워
실을 당긴다.

뜨개코 명칭

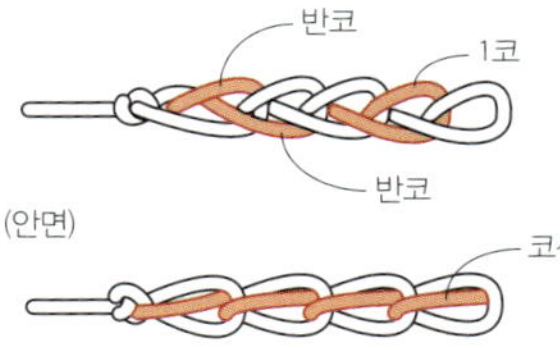

(겉면)

반코
1코
반코

(안면)

코산

사슬뜨기로 기초코 만들기

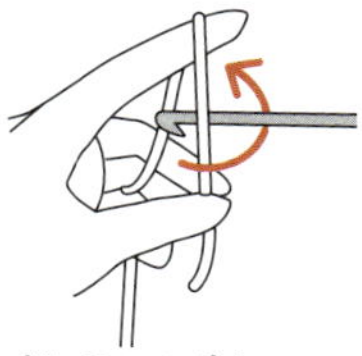

① 바늘 등으로 실을
누르듯이 뒤쪽에서
앞쪽으로 돌려 고리를
만든다.

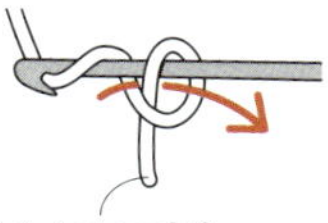

왼손으로 고리의
교차점을 잡는다.

② 바늘에 실을 걸어
고리 사이로 빼낸다.

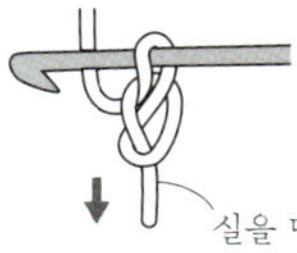

실을 당겨 조인다.

③ 코 하나를 만든다.
※ 이 코는 기초코로
세지 않는다.

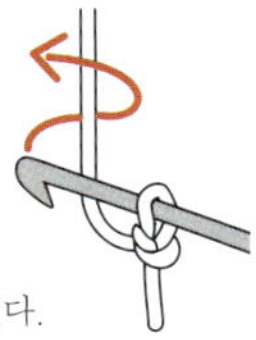

④ 바늘에 실을 건다.

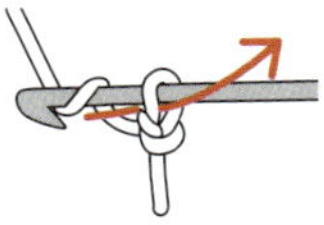

⑤ 실을 고리 사이로
빼내 사슬 1코를 뜬다.

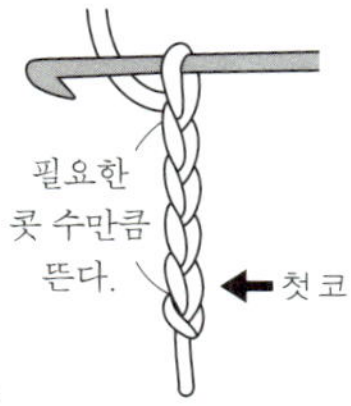

필요한
콧 수만큼
뜬다.

← 첫 코

매직링으로 원형코 만들기

원형코

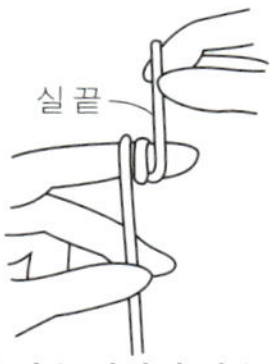

실 끝

① 왼손 검지에 실을
가볍게 두 번 감는다.

실 끝

② 바늘에 실을
걸어 고리
사이로 빼낸다.

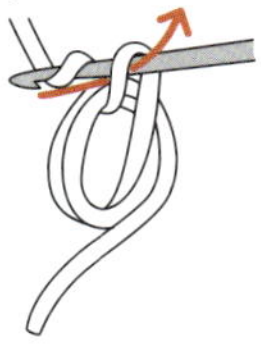

③ 바늘에 다시
실을 걸어
팽팽하게 빼낸다.
※ 이 코는 콧수에
포함되지 않는다.

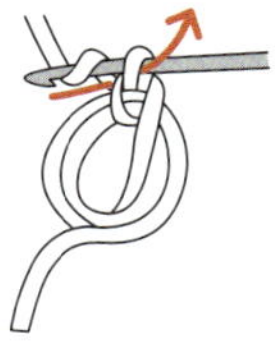

④ 기둥코 사슬을
1코 뜬다.

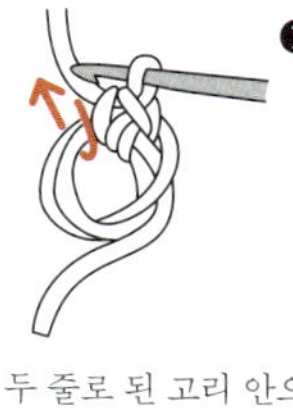

❶ 안쪽 실을
당겨 바깥쪽 실을
완전히 조인다.

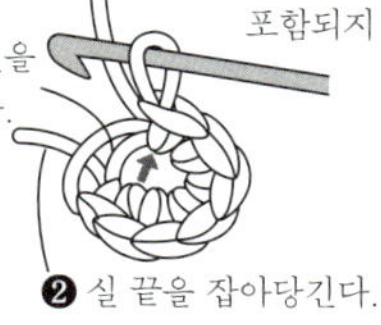

❷ 실 끝을 잡아당긴다.

⑤ 두 줄로 된 고리 안으로
필요한 콧수만큼 코를
떠 넣는다.

⑥ 원형코를 조인다.

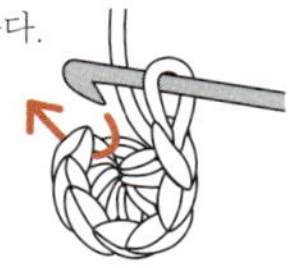

⑦ 첫 코의 머리 두 가닥에
바늘을 넣고 빼뜨기
하면 1단 완성.

사슬뜨기로 원형코 만들기

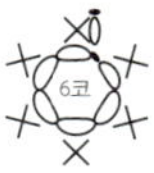

6코

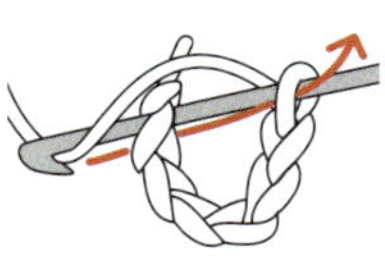

① 기초코 사슬을 만들고
첫 코의 반코와 코산에
바늘을 넣어 실을 뺀다.

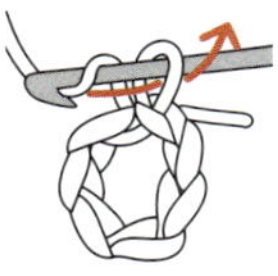

② 사슬뜨기로 만드는
원형코 완성 바늘에
실을 걸고 빼내
기둥코 사슬 1코를 뜬다.

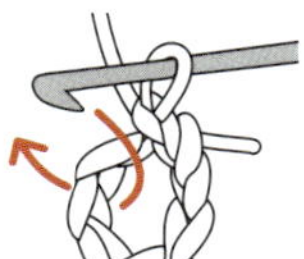

③ 원 안으로 바늘을 넣어
필요한 콧수만큼
코를 뜬다.
※ 실 끝은 감싸면서 뜬다.

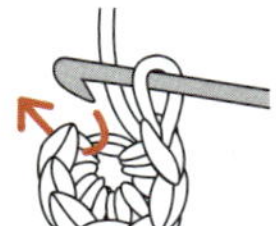

④ 첫 코의 머리 두
가닥에 바늘을
넣어 빼뜨기 하면
1단 완성.

모든 단의 첫 시작은 뜨개코 높이만큼 사슬뜨기를 뜬다(기둥코 사슬을 뜨지 않는 경우도 있음).
이것을 기둥코라고 부르며 뜨개코 종류에 따라 떠야 하는 사슬코 수가 달라진다.

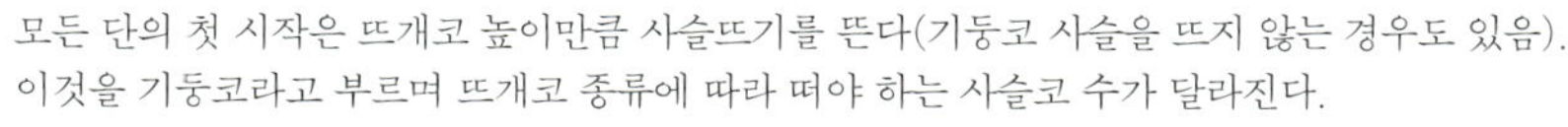

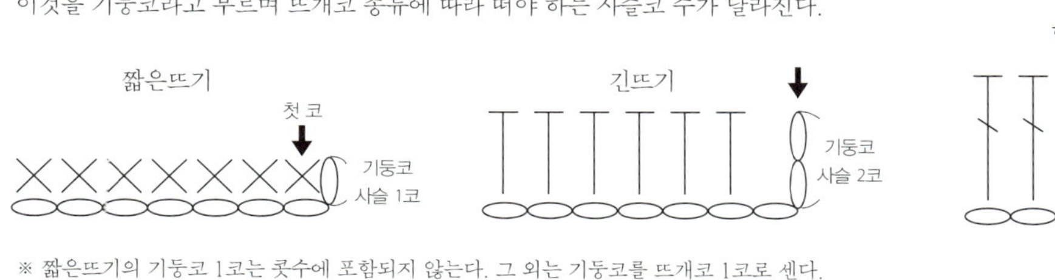

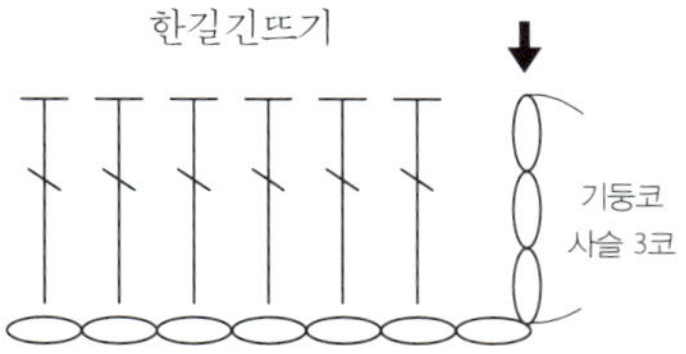

※ 짧은뜨기의 기둥코 1코는 콧수에 포함되지 않는다. 그 외는 기둥코를 뜨개코 1코로 센다.

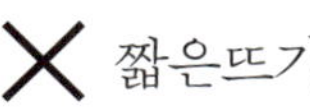 짧은뜨기

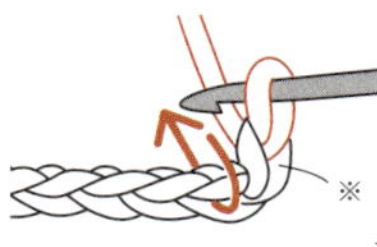

① 바늘을 넣는다.　※ 기둥코 사슬 1코는 콧수에 포함되지 않는다.

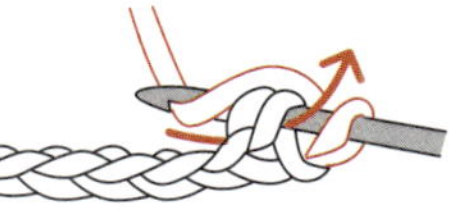

② 바늘에 실을 걸고 빼낸다.

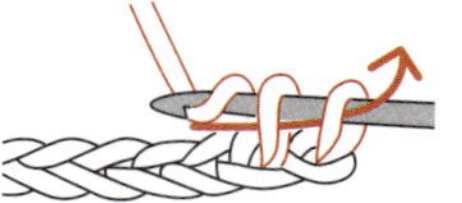

③ 다시 바늘에 실을 걸고 고리 2개 사이로 한 번에 빼낸다.

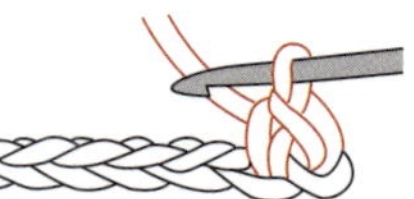

①~③을 반복한다.

긴뜨기

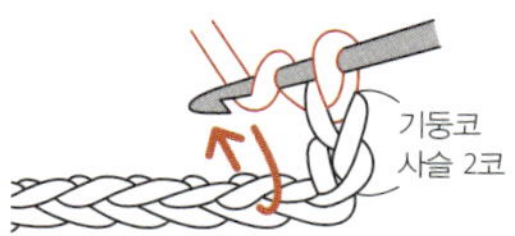

① 바늘에 실을 1번 감아 코에 넣는다.　기둥코 사슬 2코

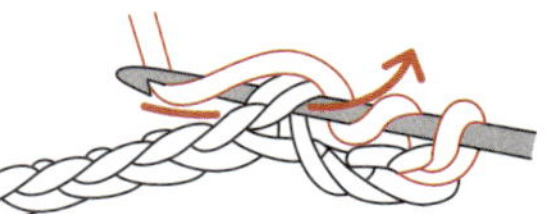

② 바늘에 실을 걸어 빼낸다.

코 높이가 사슬 2코만큼 높이가 되도록 빼낸다.

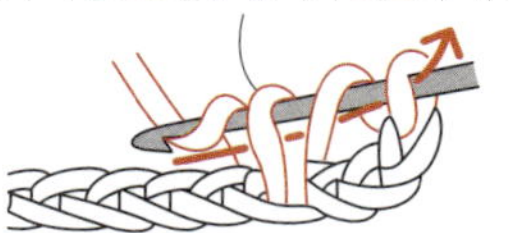

③ 다시 바늘에 실을 걸어 고리 3개 사이로 한 번에 빼낸다.

①~③을 반복한다.

한길긴뜨기

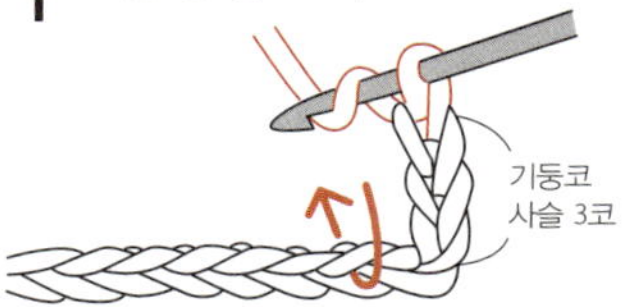

① 바늘에 실을 1번 감아 코에 넣는다.　기둥코 사슬 3코

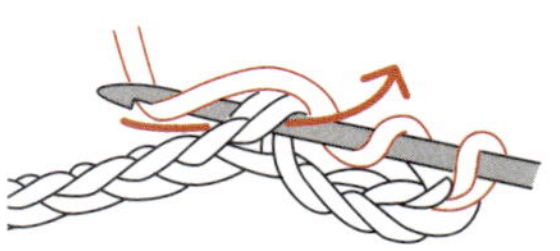

② 바늘에 실을 걸어 빼낸다.

코 높이가 사슬 2코만큼 높이가 되도록 빼낸다.

③ 다시 바늘에 실을 걸어 고리 2개 사이로 빼낸다.

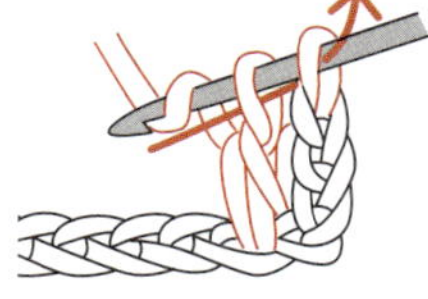

④ 바늘에 실을 1번 더 걸어 고리 2개 사이로 빼낸다.

①~④를 반복한다.

두길긴뜨기

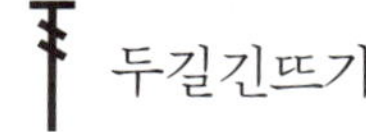

실을 2번 감는다.

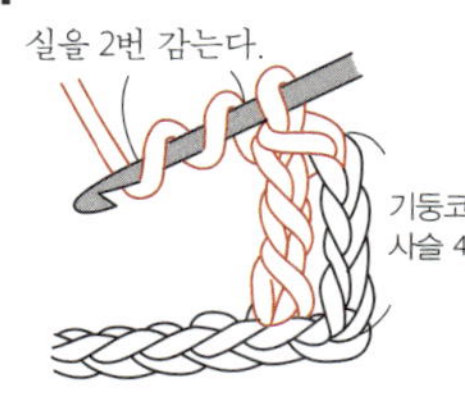

기둥코 사슬 4코

바늘에 실을 2번 감고, 고리 2개 사이로 총 3번에 걸쳐 빼낸다.

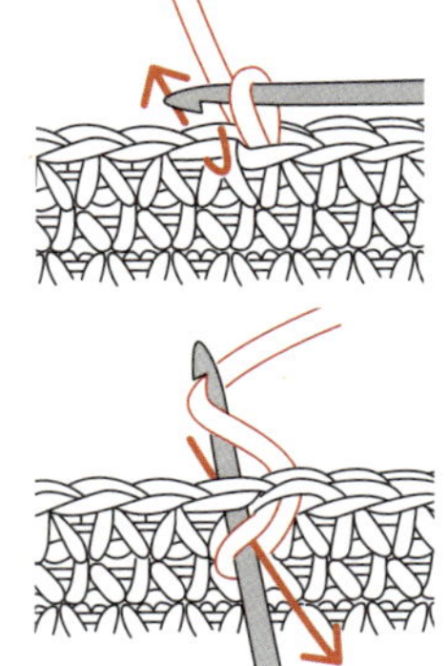 빼뜨기

바늘을 코에 넣고 실을 걸어 빼낸다.

뜨개 코에 따라 달라지는 '미완성 코'

미완성 코는 마지막 빼뜨기 하기 전의 상태를 말한다.

미완성 짧은뜨기	미완성 긴뜨기	미완성 한길긴뜨기
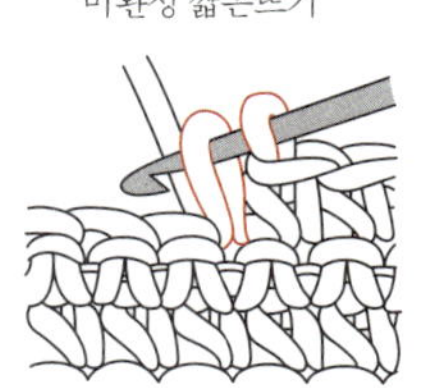	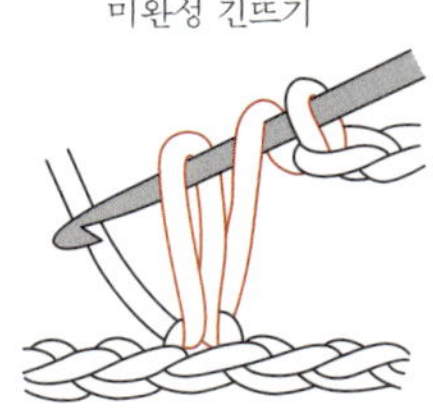	

늘려뜨기(코 늘리기)

  짧은 2코 늘려뜨기

짧은 3코 늘려뜨기도 같은 방법으로 뜬다.

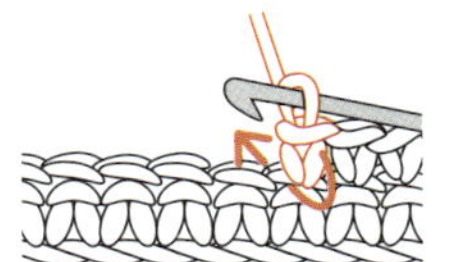

① 짧은뜨기를 1코 뜬 다음,
같은 코에 바늘을 넣어
짧은뜨기를 1코 더 뜬다.

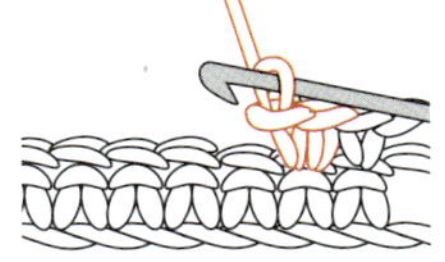

② 같은 코에 짧은뜨기
2코를 뜬 상태.

 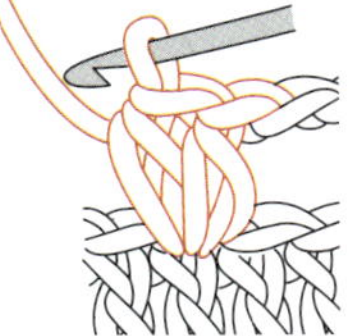  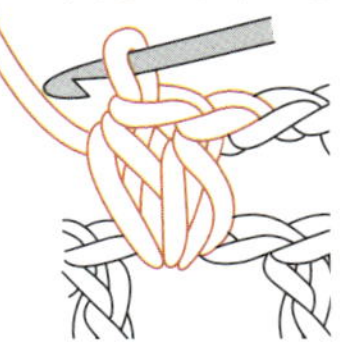

긴 2코 늘려뜨기

코를 2개 이상 늘리는 경우도 같은 방법으로 뜬다.

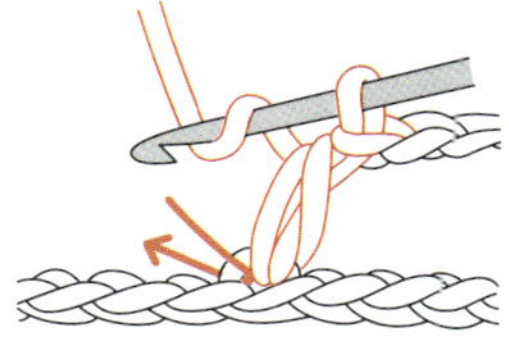

① 긴뜨기를 1코 뜬다.

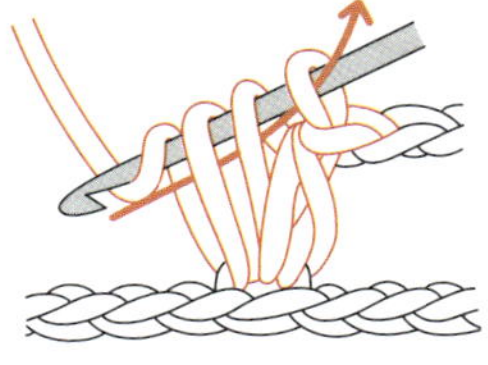

② 같은 코에 긴뜨기를 1코 더 뜬다.

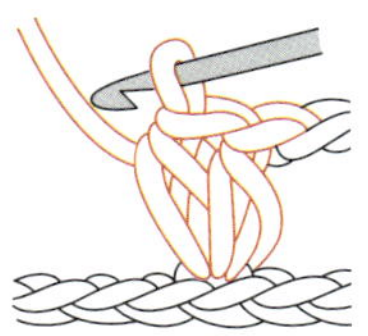

③ 긴 2코 늘려뜨기 완성.

한길긴 2코 늘려뜨기

코를 2개 이상 늘리는 경우도 같은 방법으로 뜬다.

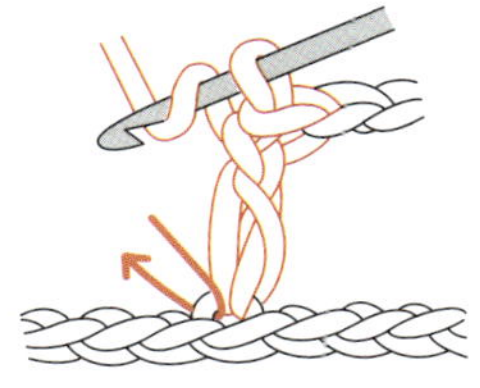

① 한길긴뜨기를 1코 뜨고,
바늘에 실을 1번 감아
같은 코에 바늘을 넣는다.

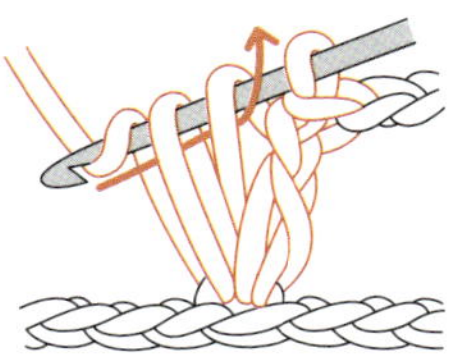

② 실을 고리 2개 사이로 2번에 걸쳐 빼내 한길긴뜨기를 1코 뜬다.

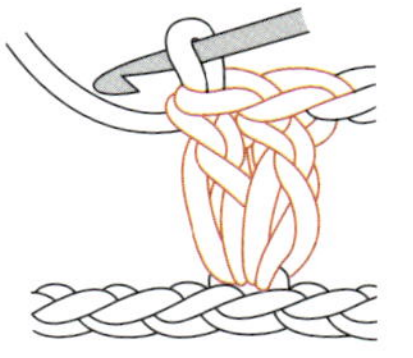

③ 한길긴 2코 늘려뜨기 완성.

모아뜨기(코 줄이기)

 짧은 2코 모아뜨기

코를 2개 이상 줄이는 경우도 같은 방법으로 뜬다.

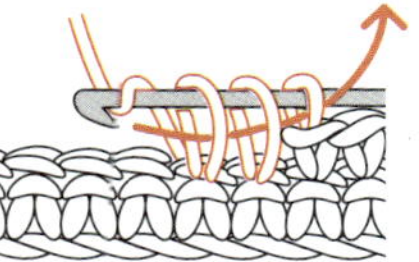

미완성 짧은뜨기를 1코 뜨고,
다음 코에서도 미완성 짧은뜨기를 1코 뜬다.
미완성 짧은뜨기 2코를
고리 3개 사이로 한 번에 빼낸다.

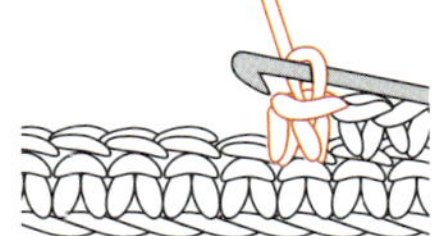

짧은 2코 모아뜨기 완성.

한길긴 2코 모아뜨기

코를 2개 이상 줄이는 경우도 같은 방법으로 뜬다.

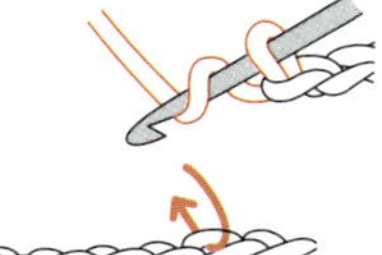

① 실을 1번 감은 바늘을
코에 넣어 실을 빼낸다.

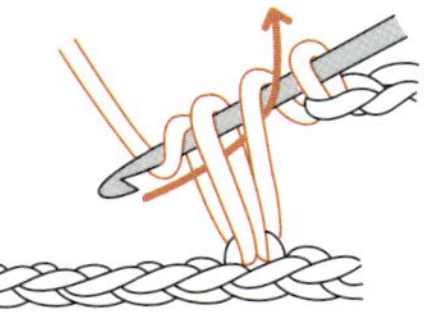

② 바늘에 실을 걸어
미완성 한길긴뜨기를
1코 뜬다.

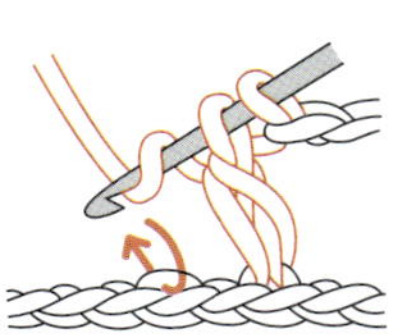

③ 바늘에 실을 걸어 ①과
마찬가지로 실을 빼낸다.

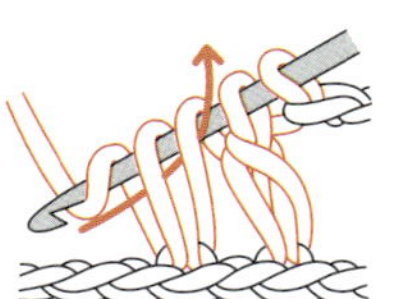

④ 앞에서 만든 미완성
한길긴뜨기와 코 높이를 맞춰
미완성 한길긴뜨기를 1코 뜬다.

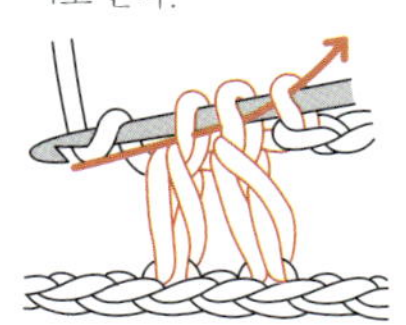

⑤ 바늘에 실을 걸어
고리 3개 사이로
한 번에 빼낸다.

⑥ 한길긴 2코
모아뜨기 완성.

그 밖의 뜨개질 방법

 한길긴 앞걸어뜨기

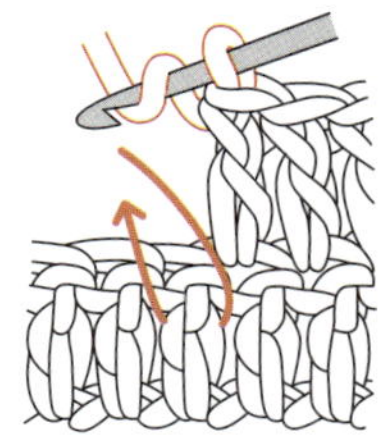

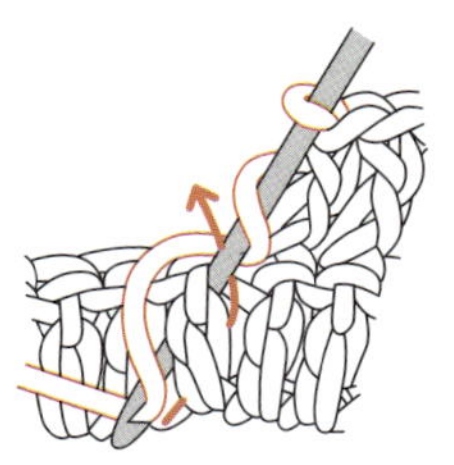

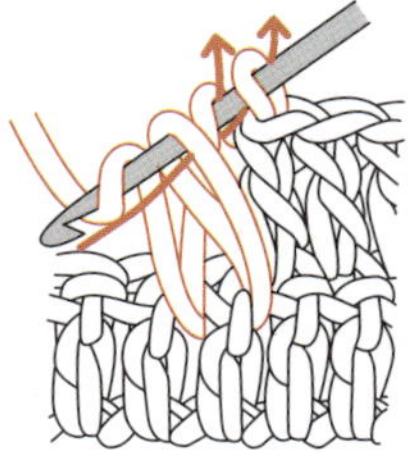

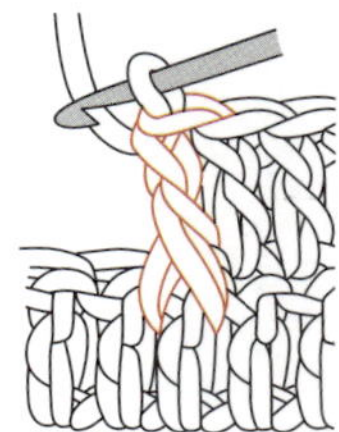

① 바늘에 실을 1번 감아 앞단 코의 다리를 화살표와 같이 앞쪽에서 줍는다.

② 바늘에 실을 걸고, 앞단 코와 옆 코가 울지 않도록 실을 길게 빼낸다.

③ 한길긴뜨기와 같은 요령으로 뜬다.

긴 2코 구슬뜨기

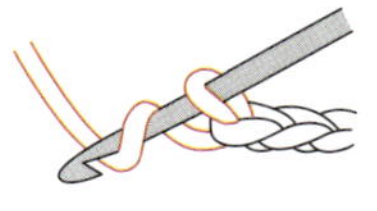

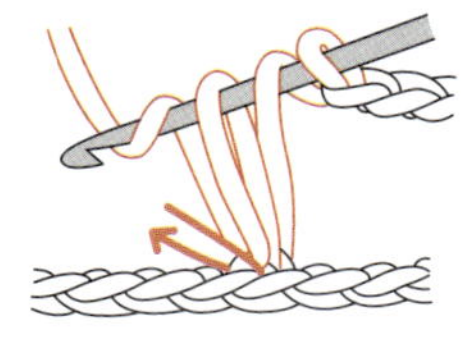

① 미완성 긴뜨기를 1코 뜬다.

② 같은 코에 미완성 긴뜨기를 1코 더 뜬다.

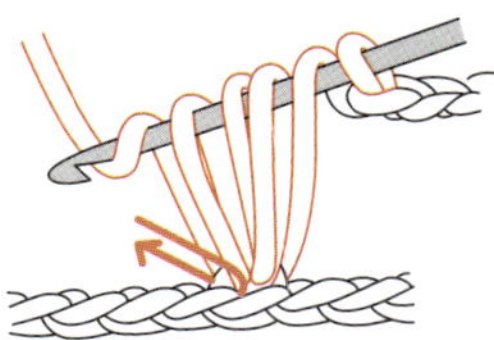

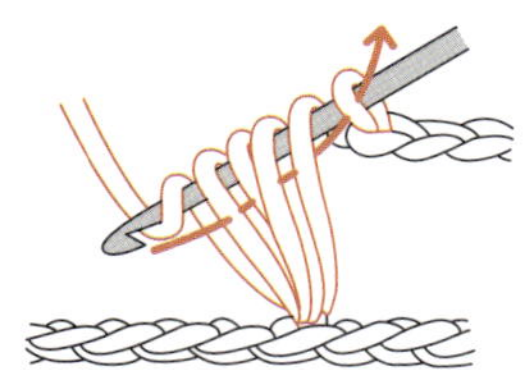

③ 코 높이가 짧아지지 않도록 주의하며, 같은 코에 미완성 긴뜨기를 1코 뜬다 (미완성 긴뜨기 총 3코).

④ 바늘에 실을 걸고, 왼손으로 고리 아랫부분을 누른 상태에서 실을 한 번에 빼낸다.

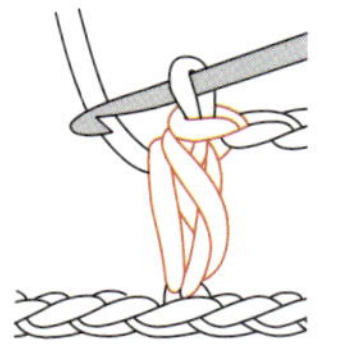

⑤ 긴 2코 구슬뜨기 완성.

실 바꾸는 방법

겉면(편물 왼쪽 끝)에서 바꾸는 경우

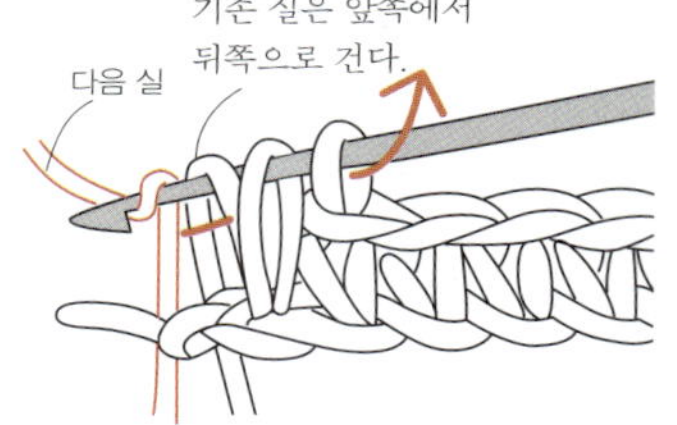

앞단 마지막 빼뜨기를 할 때 다음 실을(빨간색) 걸어 빼뜬다.

안면(편물 오른쪽 끝)에서 바꾸는 경우

앞단 마지막 빼뜨기를 할 때 다음 실(빨간색)을 걸어 빼뜬다.

원형뜨기의 경우

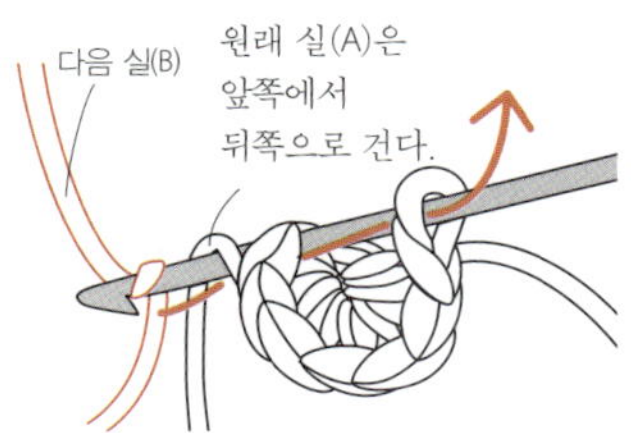

실을 바꾸기 직전 코에서 마지막 빼뜨기를 할 때 다음 실(B)을 걸어 빼뜬다.

※ A실을 잠시 두었다가 다시 A실로 바꿀 때는 A실을 B실 앞쪽에 둔 상태에서 위와 같은 방법으로 B실을 바늘에 걸고, 다음 실(A실)에서 빼뜬다.

편물 연결하기(코 전체를 감치기)　　　　　　　　　　편물 연결하기(반코를 감치기)

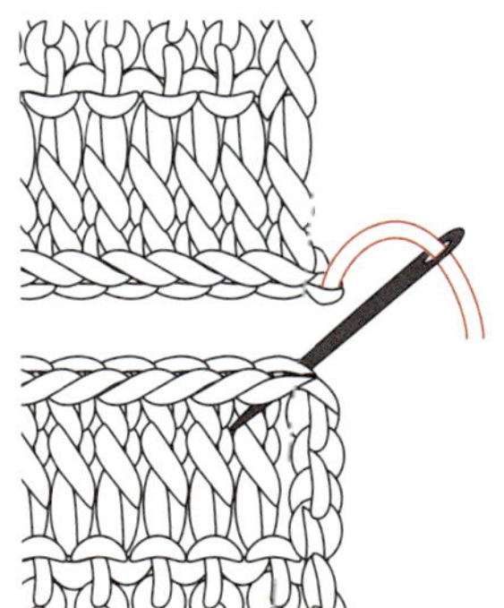

① 편물 겉면이
　 위를 향하게 나란히 놓고,
　 가장 끝에 있는 코를
　 돗바늘로 줍는다.

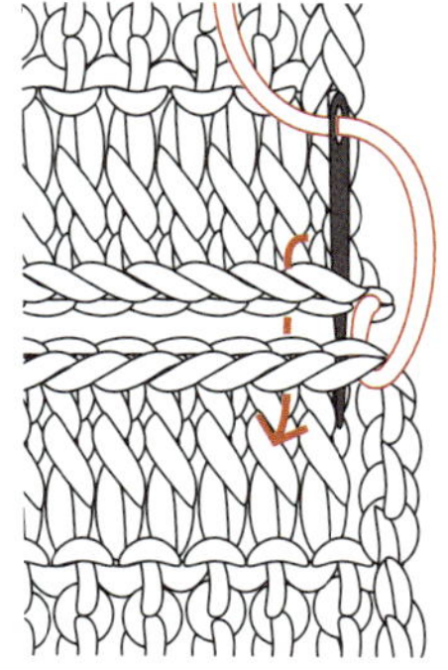

② 코 머리를 번갈아가며 주워 뜬다.

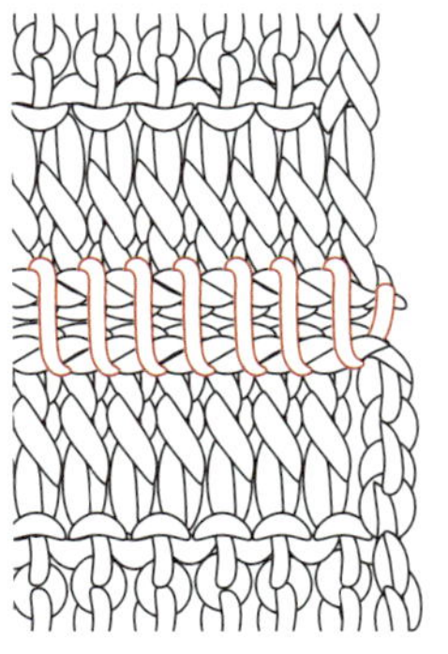

바깥쪽 반코끼리
번갈아 가며 줍는다.

체인 스티치 하는 방법

※ 스티치를 한 바퀴 뜨고
　 첫 코로 돌아갔다면 실을 자른다.
　 돗바늘에 실을 꿰어 첫 코 중앙에
　 바늘을 넣고 실을 편물 안면으로
　 빼내어 정리한다.

겉면

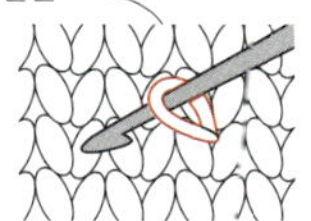

① 겉면 방향으로
　 코 사이로 실을 빼낸다.
　 안쪽 실 끝은 15cm
　 정도 남긴다
　 (스티치 후 편물에
　 꿰어 정리한다).

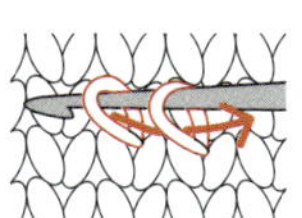

② 다음 코에서
　 다시 실을 빼내어
　 빼뜨기를 뜬다.

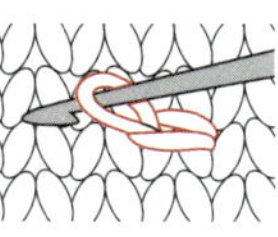

③ 빼뜨기 1코를
　 뜬 모습.

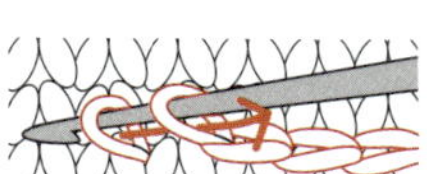

④ 같은 방법으로
　 코 사이로 실을
　 빼내어 빼뜨기를 뜬다.

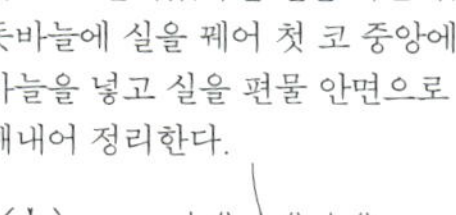

사슬 연결하기

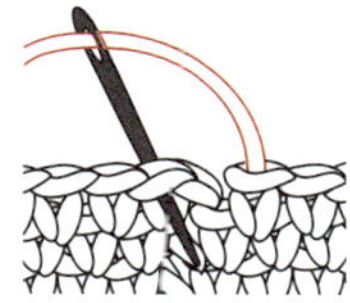

① 뜨개질 끝 코에서
　 실을 15cm 정도 남기고 자른다.
　 돗바늘에 실을 꿰어
　 첫 코 머리를 줍는다.

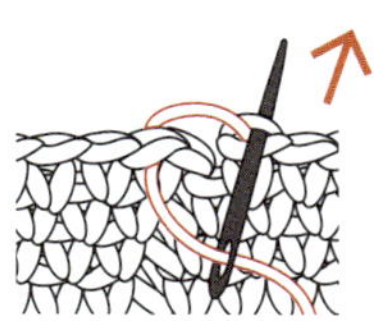

② 이어서 뜨개질 끝의
　 바깥쪽 반코를 줍는다.

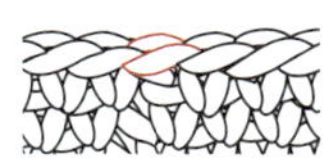

③ 실을 당기면 코가 사슬 모양으로 연결된다.
　 실 끝을 편물 안면에 꿰어 정리한다.

◎ 작품 제작

호시노 마미
marshell
Sachiyo * Fukao
yohnKa

◎ 재료 제공

하마나카 주식회사
http://hamanaka.co.jp
메르헨아트 주식회사
https://www.marchen-art.co.jp
요코타 주식회사 · DARUMA
http://daruma-ito.co.jp

◎ 촬영 협력

AIR ROOM PRODUCTS
http://www.airroom.jp
▷셔츠(p12, 13, 50), 셔츠(p16, 17), 셔츠(p30, 31), 셔츠(p44, 45)

나카가와마사시치상점
http://nakagawa-masashici.jp/
▷하이넥 풀오버(p18, 19), 팬츠(p38), 마 데님 팬츠(p40, 41)

MARMARI
https://marmari.jp/
▷팬츠(p18, 19), 민소매 상의, 점퍼 스커트(p20, 21, 22, 49),
원피스(cover, p28, 29)

BASIC PLAN+
코바늘로 뜨는 시원한 여름 모자와 가방

초판인쇄 2024년 08월 26일
초판발행 2024년 08월 26일

지은이 X-KNOWLEDGE
옮긴이 일본콘텐츠전문번역팀
발행인 채종준

출판총괄 박능원
국제업무 채보라
책임번역 김예진
책임편집 유나영
디자인 홍은표
마케팅 전예리 · 조희진 · 안영은
전자책 정담자리

브랜드 크루
주소 경기도 파주시 회동길 230 (문발동)
투고문의 ksibook13@kstudy.com

발행처 한국학술정보(주)
출판신고 2003년 9월 25일 제406-2003-000012호
인쇄 북토리

ISBN 979-11-7217-409-5 13630

크루는 한국학술정보(주)의 자기계발, 취미, 예술 등 실용도서 출판 브랜드입니다.
크고 넓은 세상의 이로운 정보를 모아 독자와 나눈다는 의미를 담았습니다.
오늘보다 내일 한 발짝 더 나아갈 수 있도록, 삶의 원동력이 되는 책을 만들고자 합니다.